本书系国家社科基金“农民专业合作社的科学发展与
社会主义新农村建设载体研究”（11BKS049)项目最终成果

受到2013年辽宁省高等学校优秀人才支撑计划（WR2013005）项目资助

NONGMIN ZHUANYE HEZUOSHE YU
SHEHUIZHUYI XINNONGCUN JIANSHE
ZAITI YANJIU

农民专业合作社与
社会主义新农村建设载体研究

马桂萍　著

人民出版社

序

1978 年改革开放以来，尤其是进入 21 世纪以来，我国农业农村经济组织形式发生了重大变化，农民专业合作社作为新的历史条件下农民合作经济组织，发展迅速，并成为当前社会主义新农村建设的重要载体。2007 年随着《中华人民共和国农民专业合作社法》的实施，以及国家对农民专业合作社政策上的支持，各地农民专业合作社发展迅速。在社会主义新农村建设中，如何规范和引导农民专业合作社，促进其科学发展，弥补农业生产由农村家庭承包和分散经营的不足，使之成为新农村建设的有效组织载体，并为实现农业农村改革长远发展的“第二个飞跃”做好准备，创造条件。这是一个重要的理论和实践问题。

今天，在全面建成小康社会的关键时期，农业农村农民的问题严峻，其中“两个虚化”、一对矛盾问题较为突出。所谓“两个虚化”，一是，农村土地的集体所有权被虚化，虽然在法律上规定，农村土地是集体所有的，但目前农村土地问题严峻。要慎言农村土地私有，要探索新的历史条件下农村土地集体所有的实现形式。二是，农村以家庭经营为基础、统分结合的双层经营制度中的“统”的层面被虚化，其中“统”的主体是谁，极为不明确。所谓一对矛盾，即是现代农业发展中的农业产业化、规模化与家庭经营方式的矛盾。“两个虚化”属于农村生产关系上的问题，一对矛盾属于农业生产力发展中的问题。推进农业农村改革发展，生产关系要适应生产力的发展，同时在生产力发展的基础上完善生产关系。离开生产力与生产关系的现实统一，片面地强调某一方面，都不符合马克思主义。

农民专业合作社作为合作经济组织，是在改革开放中适应农业农村发展要求，而逐步成长和发展起来的新型农业经营主体，其积极意义和作用是很大的，社会各方面都应当给予实际支持。但是，其中也存在一些问题，是不可否认的，更是不能忽视的，对其放任自流的态度，不足取。对于农民专业合作社有效促进农业产业化、规模化、现代化的一面，要予以肯定；对其有利于社会主义因素发展的作用，更应予以肯定。因此，主管部门应积极引导，大力支持；而对其发展中存在的问题，要帮助解决并且规范其发展，以促进其健康成长。

促进农民专业合作社发展，要重视农民专业合作社发展的必然趋势及其生命力问题。农民家庭经营是农民专业合作社形成的基点，农民专业合作社是适应农民家庭经营的需要而产生的，但它未来的生命力不仅仅在于克服家庭分散经营的不足，而且在于它能成为农业农村经济组织的主体，并与新型的农业合作化相容。目前，农民专业合作社实现了农民在家庭经营中某一环节的合作，是农民家庭经营基础上的合作。从这个意义上说，农民家庭经营是主要的，合作经营仅是弥补家庭经营的不足。对此，我们一要肯定农民专业合作社的运营给予家庭经营的效益。促进农民专业合作社发展，二要重视对农民专业合作社的发展的指导和推广问题。立足当前，着眼于长远。党和政府及有关部门的引导、扶持、规范和农民专业合作社的发展及其自身治理的完善，是它富有生命力的关键。从长远的意义而言，农民专业合作社的生命力在于它有效促进农业农村改革发展“第二个飞跃”的实现，是建设社会主义新农村，实现农业社会主义现代化的有益探索。当前，要将农民专业合作社作为“第二个飞跃”实现的组织载体和途径，对农民专业合作社增进社员的共同利益，对它所蕴含共同致富思路，对它拥有的合作精神，对它能够容纳现代农业生产要素，对它与集体经济的兼容性，等等，要加以特别的关注和引导，使其真正为农业农村改革长远发展“第二个飞跃”的逐步实现，而创造有利条件，发挥积极作用。

纵看全书，作者立足于中国特色社会主义的理论与实践，以马克思列宁主义、毛泽东思想和中国特色社会主义理论体系为指导，努力学习运用党的十八大精神和习近平同志系列重要讲话，坚持理论联系实际的原则，从实地调研和系统研究文献入手，并从社会主义新农村建设的高度，探析农民专业合作社的科学发展问题，具有一定的现实性、创新性和理论启示。因为，本书以翔实的材料，论述了农民专业合作社的产生、属性、特征、类别及运行机制、发展现状，它与社会主义新农村建设的内在关联、实现科学发展的关键问题等等，对于进一步深化有关农民专业合作社的研究，具有一定的促进作用。同时，本书从具体实践的层面，也有助于提高人们对农民专业合作社的认识，以利于其发展和推广，使之更广泛地发挥在社会主义新农村建设中的积极作用。本书对有关的理论和实际工作者都具有一定的参考价值。

实践和生活是理论的源泉。把自己的眼光投向基层、群众及其新生事物，是一切马克思主义理论工作者的职责、方向和使命之所在。在这方面，作者作为一位年轻的理论工作者，走在了我们这些老朽之前。是为序。

中国社会科学院学部委员　李崇富

2016 年 9 月 30 日于北京太阳宫寓所

目 录

前　言

本书从大量亟待解决的现实问题中圈定中国“三农”问题，又从多维复杂的“三农”问题中捕捉到农民专业合作社及其对社会主义新农村建设的价值意义问题，并以此展开研究。

第一，本研究主要基于以下背景及意义：首先，基于社会主义新农村建设视角，对农民专业合作社科学发展问题进行研究，是“三农”问题得以化解的需要。“三农”问题备受社会关注，事关我国经济社会发展的全局，是多年来理论界所关注的一个热点问题。多年来，“三农”问题是党和政府路线、方针、政策的关注点，也是社会关注的焦点，更是理论研究的聚焦点。“三农”问题是一个理论问题，也是一个现实问题，更是全面建成小康社会关键时期我国经济社会发展中需要解决的一个重要问题，因此有必要关注“三农”问题，捕捉能够化解“三农”问题的点、线、面。回视不远的历史，即在新中国成立前，我国城乡发展就很不平衡，当时，有近代化工商业城市天津、上海，也有广大落后的农村；有土味十足的乡间小路，也有用水泥铺设的城市马路。1949 年新中国成立后，伴随国家工业化战略的实施，使得城市发展快于农村，城乡经济社会发展的失衡不仅历史地存续着，而且在一定时期内不断扩大。今天，尽管有些地区的农业农村经济社会发展势头较好，我国的城乡差距也在逐步缩小，但从总体上，农村与城市不平衡，农业与工业的不平衡，农民与市民的收入差依然存在，农村、农业和农民的现代化问题较为严重。所以，建设社会主义新农村，实现农业、农村和农民的现代化，事关我国经济社会发展的全局。化解“三农”问题，有利于我国现代化建设阶段性战略目标的实现。

1978年改革开放后，我国的农业农村得到较大发展，原有计划经济时期积累的农业农村问题在很大程度上得到解决。同时，在改革和发展的实践中，农业农村也积累了诸多问题，需要实践上化解，理论上破题。改革开放后近40年来，农村经营制度、组织形式、利益主体等发生了重大变化，但计划经济时期的一些政策惯性还没有完全消失，诸如工农产品剪刀差现象长期地存在着，致使工业反哺农业的政策及其切实的实施受到影响。农业作为国民经济的基础，作为第一产业，与工业比较明显地落后，为此积累了大量的农业农村问题：一是，相对于工业，农业明显地落后。虽然进入20世纪90代以来，我国农业的发展已由农产品长期短缺进入供需平衡及供大于求的阶段，而如今，我国粮食生产十几年连续增产增收，尽管如此，我国农产品的质量安全、农业生产效率质量、农业科技进步及应用等仍需要大幅度提升。目前，我国的航天工业、国防工业、钢铁工业、发电业等都跻身世界前列，但农业并非如此。从产业发展的角度，工农业的相对平衡关乎两个产业的协调发展问题，工业即是农业，农业即是工业，弱质的农业不仅影响农民增收，还将影响工业品销售市场的扩大，并终将成为工业发展的屏障。二是，1978年改革开放后，虽然伴随农村经营制度的变化和农村组织形式的创新，农业农村有较大的发展和进步，与此同时，农业农村也存在诸多问题：农民收入增长速度明显地低于城镇居民，农民工问题及相伴的农村留守老人儿童问题悬而未决，农村社会保障、教育、医疗卫生等社会管理问题未能得到满意的解决。三是，从政权建设的角度，工农联盟是我国人民民主专政政权的基础，工人与农民有着天然的联系。在现实中，如果工业和农业发展不平衡，城乡差距过大，将影响工农联盟，影响城乡的和谐发展。1978年改革开放后农业农村积累的问题多，而且涉及的内容层面多维，需要从不同的角度切入，并加以化解。

追问农民专业合作社的科学发展，从这一角度问津“三农”问题，有利于社会主义新农村建设。2005 年，中共十六届五中全会基于中国特色社会主义以及我国现代化建设的全局，提出了社会主义新农村建设的战略举措。2005 年 12 月，中共中央、国务院发出《中共中央国务院关于推进社会主义新农村建设的若干意见》，该《建议》提出，“当前农业和农村发展仍然处在艰难的爬坡阶段，农业基础设施脆弱、农业社会事业发展滞后、城乡居民收入差距扩大的矛盾依然突出，解决好‘三农’问题仍然是工业化、城镇化进程中重大而艰巨的历史任务。各级党委和政府必须按照党的十六届五中全会的战略部署，始终把‘三农’工作放在重中之重，切实把建设社会主义新农村的各项任务落到实处”。①2007 年中共中央、国务院发出《中共中央国务院关于积极发展现代农业扎实推进社会主义新农村建设的若干意见》，《意见》从农业的投入、农业的科技创新、农业产业体系、农村市场体系发展、现代新型农民的培养以及农村综合改革等几个方面，阐释了中共中央和国务院的政策目标及要求。近些年来，各地社会主义新农村建设扎实推进，取得了一定成果，但社会主义新农村建设的战略任务还远未完成，“农村改革发展面临的环境更加复杂、困难挑战增多”②。2012 年中共十八大提出：“深入推进新农村建设和扶贫开发，全面改善农村生产生活条件。”③由此可见，社会主义新农村建设的任务是严峻的。

在新的历史条件下，建设社会主义新农村，需要克服农民分散家

---

① 《中共中央国务院关于推进社会主义新农村建设的若干意见》，人民出版社 2006 年版，第 1—2 页。

② 《中共中央国务院关于“三农”工作的一号文件汇编》（1982—2014），人民出版社 2014 年版，第 273 页。

③ 胡锦涛：《坚定不移沿着中国特色社会主义道路前进 为全面建成小康社会而奋斗》，人民出版社 2012 年版，第 23 页。

庭经营的局限，这就要求科学合理有效地组织农民，提高农民的组织化水平。今天，我国农村人口数量依然较多，农民数量庞大，又极为分散。在经济全球化背景下，中国农业还面临严峻的国际挑战和竞争，由于中国农民分散的家庭经营，因此广大农民面临主动有效进入国内国际市场以及参与国际国内竞争的挑战。1978 年改革开放后，农民分散的家庭经营已经释放出巨大效益，而从长远的角度看，农民分散的家庭经营不利于农业生产的规模化经营，也不利于现代农业机械的广泛应用。所以，推进社会主义新农村建设，在农民分散的家庭经营基础上，促进农民合作，提高农民的组织化程度，发展农民专业合作社，有利于农民顺利进入市场，提高他们的市场竞争能力，还能保护农民的利益，提高我国农业的产业化、规模化和现代化水平。

其次，本研究还是新时期我国农民专业合作社科学发展的需要。进入新时期，农民专业合作社发展迅速，情况复杂。1978 年改革开放后，随着农村经济体制改革的深入，农业市场化、产业化进程的加快以及农民自有生产性财产的积累，到 20 世纪 80 年代，在新的历史条件下所形成的农民专业合作社迅速发育成长。1987 年，中央一号文件肯定了在实践中成长着的“不同所有制间的联合经营”。《中共中央、国务院关于 1994 年农业和农村工作的意见》强调，要抓紧制定《农民专业协会示范章程》，20 世纪 90 年代，农民专业合作社有了一定的发展，进入 21 世纪，农民专业合作社获得较快发展。根据实践发展的需要，2006 年 10 月 31 日《中华人民共和国农民专业合作社法》正式颁布。目前，从数量上看，全国各地的农民专业合作社出现快速发展趋势，“其特点主要有：一是，以产业为依托。例如，在对辽宁大连市的实际调查中发现，大连地处辽南，盛产水果，尤其是苹果，这里的农村出现了数量可观的依托苹果生产、销售、技术服务的农民专业合作社。二是，多样化的组织主体。农村存在形式多样的合作经济组织，组织主体也多样，有的是农民个人主动牵头组织的，有的是某个企业牵头组织的，有的是涉农部门或者村级党组织牵头组织的，等等。”①

改革开放以来，我国农村组织形式发生了深刻变化，农民专业合作社作为新的历史条件下的互助合作经济组织，发展迅速，并成为社会主义新农村建设的一个重要载体。同时，农民专业合作社自身治理及其科学发展问题也影响着社会主义新农村建设的深入。2008 年中共十七届三中全会提出，要培育农民新型合作经济组织，并“使之成为引领农民参与国内外市场竞争的现代农业经营组织”。2010 年中共十七届五中全会强调，加快社会主义新农村建设，支持农民专业合作社发展，从而阐明了发展农民新型合作经济组织的重要性。同时，给农民专业合作社的发展提出重大课题，也给其发展提供了前所未有的机遇。2016 年中共中央一号文件在强调培育新型农业经营主体时，再次提到农民专业合作社。所以，有必要立足于科学社会主义理论与实践，探究农民专业合作社的科学发展及其对社会主义新农村建设的重要价值，这对从科学社会主义理论与实践的角度拓展农民专业合作社以及社会主义新农村建设的研究，具有一定的理论和现实意义。

当前，农民专业合作社在内部治理、政府引导及服务、政策扶持、发展方向等方面还存在一定的问题。大力推进农民专业合作社的发展，建设社会主义新农村，一要注意农民专业合作社要以维护农民土地承包经营权为前提，不能触动农民的土地经营、收益权，要实行按劳分配和生产要素收益相结合的原则，以调动农民参加合作经济组织的积极性，从而防止历史上的平均主义、大呼隆式生产的误区。二要正确处理好中国共产党、政府与农民专业合作社的关系，党和政府要关注农民专业合作社的发展，党和政府应做的是积极领导、管理、引导、支持及服务。

此外，促进新时期农民专业合作社的健康科学发展，要特别关注

① 王家驯:《中国农村组织制度变迁》(1958—1985)，吉林大学出版社 2013 年版，第 6 页。

三个问题：一是，正确判断农户之间合作的性质。农业是特殊产业，其在于：农业生产与自然环境及条件的关联大，由此，分散农户的生产经营风险系数较大，为了解决生产中可能遇到的技术、工具、劳力等困难，维持生产，避免经营失败，农户与农户之间的合作是其理性的选择。农民生产上的合作早已有之，但农户之间的合作目的不意味着他们主动放弃自有财产以及家庭的自主经营。今天，发展农民专业合作社，要反思人民公社时期的误区，避免一合作，农民自有财产就归公，农业家庭经营地位就动摇的现象发生。二是，农民专业合作社还不是完全意义上的集体经济组织，二者还是有差别的，合作经济组织可以是财产公有基础上的合作，也可以是财产私有基础上的合作，由此，发展农民专业合作社要注意不能简单地改变产权关系。三是，要注意农民专业合作社不是一级行政单位，这一组织的形式、运作的内容及层次要由组织及其成员决定，自愿、自主、互利、民主是农民专业合作社的主要原则。

总之，如何引导和规范农民专业合作社，促进其科学发展，弥补农民分散家庭经营的不足，使之成为新农村建设的有效组织载体，并为实现农村改革发展"第二个飞跃"① 做好准备，创造条件，是一个重要的理论和现实问题。因此，具体地探讨农民专业合作社科学发展问题，有其重要的现实价值。同时，这一研究对于推动理论界加强对社会主义新农村建设的研究，具有一定的学术参考价值。

第二，在深入展开有关农民专业合作社与社会主义新农村建设载体问题研究前，有必要回顾梳理相关文献。近年来，社会主义新农村建设问题一直是学术界关注的重要问题，特别是 2005 年中共十六届五中全会以来，此问题更是理论界关注的热点问题之一。近年来，国内外学术界极为关注农民专业合作社问题，出版了大量相关文献。我们把

① 《邓小平文选》第三卷，人民出版社 1993 年版，第 355 页。

国内外现有相关成果分为两类：一是，关于社会主义新农村建设及其载体的论著，有关代表作主要有：包括王伟光的《建设社会主义新农村的理论与实践》；温铁军的《中国新农村建设报告》；李水山的《韩国新村运动及启示》；路明的《新农村建设中的组织创新》；李莲仲的《社会主义新农村建设的理论和实践》；翟振元等的《中国社会主义新农村建设研究》；荣尊堂的《参与式发展：一个建设社会主义新农村的典型方法》；张庆忠的《社会主义新农村建设研究》；白荣欣的《社会主义新农村宏观经济政策研究》；等等。二是，有关农民合作经济组织的论著。代表作主要包括张晓山和苑鹏的《合作经济理论与中国农民合作社的实践》；孙亚范的《新型农民专业合作经济组织发展研究》；韩俊的《中国农民专业合作社调查》；申龙均和李中华的《农民合作社论》；朱新山的《乡村社会结构变动与组织重构》；黄祖辉等的《中国农民合作经济组织发展：理论、实践与政策》；曹阳的《当代中国农村微观经济组织形式研究》；蒋玉珉的《合作社制度创新研究》；胡卓红的《农民专业合作社发展实证研究》；爱德华·卡德尔的《论农业、农村与合作社》；等等。此外，根据中国知网显示，还有数千篇有关社会主义新农村与农民专业合作社研究的论文。

首先，国内外有关社会主义新农村建设问题的主要研究现状。社会主义新农村建设实践早在20世纪50年代末的中国就启动了，对于社会主义新农村建设，中国共产党和政府早在20世纪50年代就有了最初的认识。但是，自2005年中共十六届五中全会提出关于社会主义新农村建设的建议后，理论界的热议和研究随之拓展。近年来关于社会主义新农村建设相关问题的研究主要基于以下角度，提出了一些富有建设的观点。

研究者从科学社会主义以及政策层面，对社会主义新农村建设加以研究。王伟光、韩俊等人认为，我国现代化进程中的一个重大历史任务，是建设社会主义新农村，这一问题是统筹城乡发展和以工促农、以城带乡的具体化，是解决“三农”问题，全面建设小康社会的重大战略举措。同时，社会主义新农村建设包含诸多方面，主要有农村经济建设、民主政治建设、文化建设和社会建设等。马晓河认为，“理解社会主义新农村建设的概念，需要从‘新’和‘建’两个方面来把握，新是关键，建是重点。新体现在新背景、新理念和五个新方面。……建是重点，体现在新农村建设是经济建设、政治建设、文化建设、社会建设四位一体。”[①] 程恩富等认为，建设社会主义新农村需要倡导集体经济和合作经济模式多样化，要发展农村集体经济，发展多样化的农村合作经济。陈锡文认为，社会主义新农村建设涉及的面广，任务繁重，需要从农民群众迫切需要解决的问题入手。[②] 韩俊认为，社会主义新农村建设需要处理好若干关系，即农村建设与村庄建设、农村建设与“三农”政策、农村经济发展与民主政治发展及社会建设、国家对农业农村的扶持与农民积极性的发挥、发达地区与欠发达地区、立足当前与放眼长远、“少取”、“多予”与“放活”等之间的关系问题。牛先锋认为，在社会主义新农村建设中，党和政府是主导力量，农民是主体力量，市场是推动力量。[③]

研究者从社会学的角度，对社会主义新农村建设加以研究。社会主义新农村建设事关中国特色社会主义事业的发展，同时，在具体实践中，包含着农村社会建设，国内社会学研究者从农村社会学的视角对其进行了分析和研究。陆学艺提出，要激发农民的积极性、创造性，明确农民的主体地位。王思斌从社会主义新农村建设实施结构的角度进行了研究，他认为，“新农村建设的参与者是多样化的，在它们之间存在着某种关系结构，而且在实际的农村建设实践中，各方参与者也会形成复

---

① 马晓河：《建设社会主义新农村需要把握的几个重大问题》，《经济纵横》2007 年第 1 期。

② 包俊洪：《努力建设社会主义新农村：访中央财经领导小组办公室副主任、中央农村工作领导小组办公室主任陈锡文》，《求是》2006 年第 7 期。

③ 牛先锋：《我国新农村建设的基本力量》，《科学社会主义》2006 年第 1 期。

杂的关系和结构。”① 陆益龙认为，社会主义新农村建设是在现代化、市场化和全球化的时代背景以及农村的发展滞后于城市的现实背景下所提出的战略举措，要从我国城镇化以及复杂的环境中探究社会主义新农村建设的路径，避免社会主义新农村建设的形式主义和政治运动化误区。此外，陆海燕还提出，社会主义新农村建设关键在于提高农民素质的观点。

研究者从农业经济学的角度，对社会主义新农村建设加以研究，提出了一些有价值的观点。温铁军在《社会主义新农村建设的两个重要意义》一文中提出，社会主义新农村建设有两个重要意义：一是，社会主义新农村建设对我国宏观经济结构调整，具有历史性的转折意义，是以内需拉动为主的国民经济发展的需要，是实现国民经济持续较快发展的重大举措；二是，社会主义新农村建设是化解“三农”问题的重大突破。张晓山认为，推进社会主义新农村建设，要有统一的科学规划，要有全面系统的整体规划，要有科学的、具体的建设规划。② 党国英形象地描述社会主义新农村的未来愿景，即是农民人数的大规模减少并实现充分就业的农村，是市场发育成熟的、充满活力的农村，是农村社区事务由农民民主协商解决的农村，是拥有历史文化传统的农村，更是农民的生产生活融入优美田园风光的农村。③

此外，中国研究者还探析了其他国家有关社会主义新农村建设的做法和经验。例如，由潘伟光、[韩] 郑靖吉、魏蔚等翻译，朴振焕所著的《韩国新村运动：20 世纪 70 年代韩国农村现代化之路》一书阐述了韩国新农村建设的做法和经验，其中韩国新村运动中采取的新村项目、村庄领导人培训项目、村庄劳动项目等做法对我国新农村建设具有一定的借鉴意义。许平的《法国农村社会转型研究（19 世纪—20 世

① 王思斌：《略论新农村建设的实施结构》，《北京大学学报》2007 年第 6 期。

② 张晓山：《推进社会主义新农村建设》，《人民论坛》2005 年第 10 期。

③ 党国英：《中国的新农村应该是这样的》，《乡镇论坛》2007 年第 11 期。

纪)》一书不仅全面介绍和分析的法国农村现代化发展之路，而且提出农村问题集中体现在农民身上，农民是农村经济社会发展的基本推动力量。

其次，国内外研究者关于农民专业合作社相关问题的主要研究现状。国内外研究者对农民专业合作社进行了广泛的研究，取得了丰厚的研究成果。国内研究者从实证的角度，对农民专业合作社进行了分析和研究，韩俊的《中国农民专业合作社调查》(2007)、孔祥智等的《中国农民专业合作社运行机制与社会效应研究：百社千户调查》(2012)、郭红东等的《中国农民专业合作社调查》(2010) 等是最为典型的实证研究成果。这些对农民专业合作社的实证分析和研究，展现了不同地区农民专业合作社发展运作的实况及特征，其中韩俊的《中国农民专业合作社调查》对农民专业合作社的现状，做了较为全面地描述。他将我国农民专业合作社与发达国家的农民合作经济组织进行比较研究，他强调，在经济全球化背景下，发展农民专业合作社，既要从实际出发，又要遵循国际合作社联盟的基本精神。韩俊等通过对浙江、江苏、四川等省农民专业合作社的调研，得出这样的结论：即“当前各地合作组织的发展在面上很不均衡，这种不均衡决定了合作组织的发展模式呈现多样性,……总的看，中国农民专业合作社的发展还存在‘难发展’的问题，表现为基础非常薄弱，还处在初始阶段，现有的法律和体制框架很不适应其发展的需要”①。

郭红东等研究者主要是以问卷调查，访谈农民专业合作社社长，寻找问题的结论，郭红东等认为，我国农民专业合作社的发展已经取得一定的成效，主要是农民专业合作社所涉及的产业日益广泛，合作内容不断丰富，合作区域不断扩大。郭红东等还认为，农民专业合作社对于提高农民进入市场的组织化程度，改变农民在市场交易中的弱势地位，

① 韩俊：《中国农民专业合作社调查》，上海远东出版社 2007 年版，第 58—59 页。

为农民提供产前、产中、产后的服务。但是，农民专业合作社也面临规范化程度低，人员素质低，实力弱，融资困难，政府扶持力度不大等问题。

孔祥智等的《中国农民专业合作社运行机制与社会效应研究：百社千户调查》一书主要从运行机制与社会效应的角度，对农民专业合作社进行了实证分析，这是一部全景式的有关中国农民专业合作社的研究力作，该书主要提出以下观点：农民加入农民专业合作社的意愿不强；社员的异质性明显，且权利和义务有差别；入社门坎不高，社员享有退社权；农民专业合作社营利能力不强，盈余分配具有亲资本倾向；农民专业合作社带动农民增收的效果较为明显。

国内研究者从政治法律的角度，对农民专业合作社进行了理论分析和研究，朱晓娟从法律上探究农民专业合作社的法律主体性问题，她认为，合作社是强调劳动合作而非资本联合的自助、民主的特征，因此需要构建合作社法律体系。同时，长期以来，一直存在将合作社作为集体经济的观点，事实上合作社经济不等于集体经济，应该在民法典中留给合作社以空间和地位。

任梅从政府规制理论的研究视角分析农民专业合作社，在《中国农民专业合作社的政府规制研究》一书中，她以规制需求为切入点，深入分析了来自农民专业合作社、政府、农民、相关市场主体的规制需求问题，阐述了完善农民专业合作社规制体系的必要性，并将农民专业合作社的规制概括为管理规制、商业规制、技术规制、资本规制、会计规制、安全规制等六项内容。同时阐述了农民专业合作社的规制优化原则以及对策建议。①

李姿姿从国家与社会关系的视角分析中国农民专业合作社，她认为，“中国农民合作组织的发展是在国家不同层面与社会不同力量之间

---

① 任梅：《中国农民专业合作社的政府规制研究》，中国经济出版社 2012 年版，第 1—2 页。

的互动中产生的，这种互动方式不再是一方对另一方的零和博弈，而是一种基于共同利益基础上的合作与互相型塑。……在国家与社会的互动过程中，双方的能力都有所加强：国家建立了与社会的制度性关联渠道，对社会有更强的渗透力和回应力，而农民合作组织也得到了更大的发展空间。"①

国内研究者从经济学的角度，对农民专业合作社进行了理论分析和研究，从经济学的视角对农民专业合作社的原则、组织特征、组织功能、组织的内部治理、组织发展的政策支持体系等进行了深度研究，对其在促进农业生产发展、农村社会和谐及其在社会主义新农村建设中的地位和作用做了深刻论述。张晓山、苑鹏认为，农民专业合作社是"农村经济体制改革、发展社会主义市场经济的产物。……农民专业合作社的发展进一步推动了当地农业产业化、农业结构优化升级的步伐，……近年来，农民专业合作社的发展打破了长期以政府为主牵头兴办的格局，形成社会多种力量、各路精英发展合作社的良好局面，农民领办人的作用也日益显现出来。……但是，从全国总的水平来看，农民专业合作社有效的运行机制还没有真正建立起来"。② 张晓山、苑鹏还强调农民专业合作社的重要作用，他们指出："随着合作社法的颁布实施，合作社成为市场经济中的合法的交易对象，合作社的中介作用逐渐突出。"③

黄祖辉等认为，"农民专业合作社的发展还隐含着农业经营体制变革的重大意义。"④ 完善农村统分结合的双层经营体制的一个重要途径在

---

① 李娑娑：《中国农民专业合作组织研究：基于国家与社会关系的视角》，中央编译出版社2011年版，第198—199页。

② 张晓山、苑鹏：《合作经济理论与中国农民合作社的实践》，首都经济贸易大学出版社2010年版，第149—164页。

③ 张晓山、苑鹏：《合作经济理论与中国农民合作社的实践》，首都经济贸易大学出版社2010年版，第11页。

④ 黄祖辉、赵兴泉、赵铁桥：《中国农民合作经济组织发展：理论、实践与政策》，浙江大学出版社2009年版，第5页。

于：加快农民专业合作社的发展，建立新型的农业双层经营体制。

徐旭初从制度经济学的角度研究农民专业合作社，对农民专业合作社的制度特性、产权制度、内部治理结构及其发展的制度环境进行了研究。他认为，“农民专业合作经济组织是一种特殊的组织制度形式，是农民社员联合所有、民主控制、经济参与并受益的经济组织。”① “目前我国农民专业合作经济组织（特别是以浙江省为代表的东部沿海地区）的剩余索取权和剩余控制权格局必然是倾斜的，换言之，产权安排必定是偏于股份化的，治理结构必定是偏于大户、企业或相关组织主导型的。”②

缪建平认为，如果依据农民专业合作经济组织的功能划分，可以将其分为农产品销售型、农业生产资料供应型、产加销一体化经营型。

少数研究者致力于国外农民组织化的做法及经验，并将其与我国农民组织化相比较，这对于我国农民专业合作社的科学健康发展，具有一定参考价值。许欣欣的《中国农民组织化与韩国经验》是一部有关中外农民组织化对比研究的力作，该书既对我国农民组织化问题做了历史和现实的分析和研究，又对韩国农协、韩国《农协法》以及韩国农民组织化问题做了较为深入地分析和研究。许欣欣认为，在韩国，农协承担着“第三部门”的角色，在弥补市场和政府在治理“三农”问题“双失灵”方面发挥了重要作用，这对探索中国农民组织化与社会主义新农村建设的有效途径具有借鉴意义。③

由于农民合作经济组织发源和盛行于西方发达国家，因此，国外有关农民合作组织的研究起步较早，也较深入，并有大量论著及研究成

---

① 徐旭初：《中国农民专业合作经济组织的制度分析》，经济科学出版社 2005 年版，第 337 页。

② 徐旭初：《中国农民专业合作经济组织的制度分析》，经济科学出版社 2005 年版，第 339 页。

③ 许欣欣：《中国农民组织化与韩国经验》，社会科学文献出版社 2010 年版，第 379 页。

果问世。根据相关文献可知：国外学者 Emelianoff，Levay，Zusman 等运用新古典经济学研究范式、新制度经济学研究方法，对农民合作经济组织存在的组织制度进行了深度剖析。但是，国外学者对中国改革开放后形成的农民专业合作社研究不多，目前，还未见有关中国农民专业合作社的专著，国外研究者仅仅是在研究发展中国家的农民合作经济组织时，对我国农民专业合作社予以介绍。同时，国外研究者主要对资本主义条件下的农民合作经济组织进行了研究，探讨在不改变资本主义生产方式的前提下农民合作经济组织的发展问题。

但是，在国外相关研究成果中，有的研究成果对我国农民专业合作社的理论研究和实践发展，有一定的借鉴意义，有的则不符合我国实际。

同时，尽管国内研究者对农民专业合作社做了大量的研究，但除程同顺、朱新山等少数学者从政府管理、乡村社会结构变动以及农村民主政治等角度对农民专业合作社进行研究外，大多数学者对农民专业合作社的研究主要是从经济学视角，尤其是从合作经济学的视角对其进行研究，研究视野还有待拓展。此外，大量的研究主要强调和关注的是实证研究。所以，对农民专业合作社的研究还有很大的空间，需要从思想理论的高度，进行深入系统的研究。有鉴于此，对农民专业合作社的研究还有待从科学社会主义、政治学、社会学等层面深入和拓展。本书主要从科学社会主义理论与实践的层面对农民专业合作社的科学发展及其对社会主义新农村建设的价值问题展开研究。

最后，笔者总结出有关农民专业合作社和社会主义新农村建设研究的成就、不足及展望。应该承认，研究者对农民专业合作社和社会主义新农村建设，从不同的角度，做了大量的研究，并取得了可观的成绩。国内外有关研究成果为我们开展本研究提供了基础和条件：一是，国内外有关农民专业合作社的研究成果深入地探索了农民专业合作社的原则、特征、类型、内部治理、运行机制、个案实况、历史经验等，尤其是国外学者有关西方国家农业合作社的功能研究，为本书提供了丰富的材料。二是，国外的研究相对较少，国内大量的有关研究成果，对于本书具有重要的参考价值。

学术界对农民专业合作社和社会主义新农村的研究仍需要深入。一是，在现有众多的从经济学、社会学的角度研究农民专业合作社的基础上，更多地从科学社会主义、中国特色社会主义发展的角度，关注和研究农民专业合作社的科学发展，尤其是其未来走向问题，拓展研究视角。二是，注重对农民专业合作社与社会主义新农村建设内在关联的研究。三是，在现有研究的基础上，注重对农民专业合作社的比较研究。一方面，从我国农业合作化历史的角度，将农民专业合作社置于农业合作化历史中加以研究，深化对我国新时期农业合作化问题的研究；另一方面，将我国农民专业合作社与国外农业合作社进行横向的比较研究，并注重对国外农业合作事业发展经验的提炼，以启发我国农民专业合作社的科学发展。四是，还要注意从政治学的角度研究农民专业合作社，将其与农村基层民主政治建设联结起来加以研究，分析其作为互助合作经济组织的政治社会价值。

总之，本书在已有的研究基础上，基于科学社会主义理论与实践，从中国特色社会发展以及社会主义新农村建设的高度，深入研究农民专业合作社发展趋势问题。根据现有的研究，作者对本问题提出以下主要观点：农民专业合作社是改革开放后在家庭承包经营的基础上由农民按自愿、民主、平等、互利的原则组织的、以为其社员的专业化生产提供服务为宗旨的、谋求和维护其社员经济社会利益的合作经济组织。农民专业合作社既不是向计划经济时期农民合作经济组织的复归，又不是对当代资本主义国家农业合作经济组织的复制。有利于社会主义新农村建设，为实现农村改革发展“第二个飞跃”创造条件，是农民专业合作社正确发展方向的关键所在。促进农民专业合作社的科学发展，要从实际出发，坚持走中国特色社会主义农业现代化道路，遵循合作经济组织的基本精神和原则。

第一章　研究的理论基础

人们对问题的认识总是基于一定的理论思维，受一定思想及价值观的影响。同时，因理论基础和研究范式不同，对于同一个问题，不同的人会有不同的认识及判断，这正如对一个概念会有多个定义一样。所以，基于社会主义新农村建设，指向农民专业合作社科学发展这一理论和现实问题的研究，要以一定理论及价值取向为研究基础。这里要明确的是：本书主要基于马克思主义农业合作化思想的基本观点，对问题加以探究，同时也借鉴了西方合作社理论的积极因子，并运用了组织制度的相关理论知识。对与本书相关的理论知识，在此做概要性阐述。

第一节　马克思主义农业合作化思想的基本观点

一、马克思恩格斯农业合作化思想基本观点阐释

马克思恩格斯对农业及农业合作化问题有着深刻的论述，相关论述主要散见于马克思主义经典文献中，挖掘和探析马克思恩格斯农业合作化思想的形成以及他们关于农业合作化的基本理论观点，对于深化“农民专业合作社与建设社会主义新农村建设载体”问题的研究，促进农民专业合作社的科学发展，大力推进社会主义新农村建设，意义重大。

第一，与其他任何思想一样，马克思恩格斯的农业合作化思想并不是凭空产生的，它是在实践中产生，又是在实践中不断发展的，它还是在批判空想社会主义有关公社思想的基础上形成和发展的。马克思恩格斯农业合作化思想既有其实践根由，又有其思想因由，因而极富科学性。

首先，西方资本主义生产力和生产关系的发展致使资本主义基本矛盾和阶级矛盾不断显现，在资本主义基本矛盾和阶级矛盾不断显现过程中所形成的西方合作运动，是马克思恩格斯农业合作化思想产生的一个社会历史条件。在当时，随着资本主义生产力的发展，资本越来越集中，面对经济实力强大的资本家，城市里工人个体力量微不足道，同时面对农村土地的集中，农民小生产者处于被中间商人盘剥的种种不利境地。在这种境况下，工人和农民为了改善自身处境，合作或协作成为广大工人和农民改善境况的可选途径。于是创办合作社，成为广大工人和农民改善境况的新尝试。1844 年公平先锋社的创立及其它的成功对世界其他国家合作运动影响较大，当时世界许多国家纷纷借鉴“公平先锋社”的运作经验，掀起了世界范围内的合作运动，组织发展各种形式的合作社。1862 年德国农民为解决生产生活中的困难，获得其经济上的独立，组织成立了德国农业合作社——信贷协会，这是较早出现在农业领域的合作社组织。这种较早出现在农业领域的合作社虽然使农民的境况得到一定程度的改善，但农民受高利贷的盘剥及其受压迫的社会地位并没有改变。所以，马克思恩格斯提出，在小农占多数的国家里，“农村居民由于分散于广大地区，由于难以达到大多数的意见一致，所以他们永远不能胜利地从事独立的运动。这一点也同样是十分明显而为各个现代国家的历史所证实了的。他们需要更集中、更开化、更活跃的城市居民的富有首创精神的推动。”① 因而，必须把农民组织起来并吸引到无

---

① 《马克思恩格斯选集》第 1 卷，人民出版社 1995 年版，第 489 页。

产阶级革命方面来，建立无产阶级领导下的工农联盟。“由联合起来的农村无产阶级利用大规模农业的一切优点来进行耕种。”① 此外，马克思恩格斯还深入细致地考察了当时俄国农村公社。当时，资本主义各国农业合作社的实践为马克思恩格斯理性地观察农业合作化提供了现实依据，也正因为如此，形成了马克思恩格斯关于农业合作化的基本思想观点。

其次，马克思恩格斯在辩证否定空想社会主义相关思想的基础上，形成了他们的农业合作化思想。在马克思恩格斯农业合作化思想产生之前，资本主义的弊端逐步显现。在不满于现实并追求美好未来的过程中，公社组织曾被马克思主义之前的空想社会主义者认定为理想的社会组织，托马斯·莫尔、康帕内拉在对乌托邦式的理想国度以及“太阳城”的描述中，都主张建立公有的公社制度。对于农业，托马斯·莫尔、康帕内拉主张，所有的人都应从事生产，对产品实行平均分配。从18 世纪到 19 世纪初，空想社会主义者圣西门提出了实业制度。这一时期的空想社会主义者傅立叶创办了“法郎吉”，这是工业和农业相结合的合作经济组织。还有被称为“合作社之父”的欧文，欧文为了践行他的空想社会主义思想，解决工人的生活问题，实施了与合作社管理模式相似的方案。19 世纪 20 年代欧文在北美创办了“新和谐公社”，虽然这一实验最终失败了。但是，欧文所提出的大多人幸福的口号及实践，推动了合作社实践的发展。

综上而言，空想社会主义思想家都认识到了资本主义不公平的现实以及无产阶级和资产阶级之间的对立，在揭露资本主义弊端等方面有其进步性。但是，他们寄希望于社会改良，喜乐和平的手段，否定革命手段。他们对未来社会的设计，具有空想性，没有实现的可能，故而，他们的合作社试验都失败了。但是，空想社会主义者有关合作社的思想

① 《马克思恩格斯选集》第 1 卷，人民出版社 1995 年版，第 372 页。

与精神却为后来的合作社发展留下了可贵的思想财富，马克思恩格斯继承了空想社会主义者对未来社会的积极设想，同时摒弃其空想成分，形成了马克思恩格斯的农业合作化思想。

第二，马克思和恩格斯批判地继承了空想社会主义者关于农业合作的思想观点，在实践中考量了历史上和资本主义条件下的农业合作发展实况，阐释了他们对农业合作化的基本观点。

首先，马克思恩格斯坚持历史唯物主义基本观点，认识到农民的力量所在，也认识到农民的局限性，从根本上说，马克思恩格斯是从农民的利益及其解放以及当时无产阶级革命策略的视角来考察资本主义制度下的农民和农业合作问题。马克思恩格斯认为，在任何国家里，“农民到处都是人口、生产和政治力量的非常重要的因素。”① 农民由于所占生产资料的多少和社会生活状况的不同，分为以下几种：一是大农（富裕农民）和中农，他们拥有很多的土地，和地主一样向佃农出租土地，并向他们收取地租，同时他们雇佣许多工人，还有很多佃农来为他们耕作。二是小农（自耕农），在西欧拥有数量众多的自耕农，尤其德国和法国居多。小农（自耕农）自己占有生产资料，不剥削他人，靠自己的家人进行劳动来维持生活。但是，随着资本主义大生产的发展，这部分小农（自耕农）也在逐渐地丧失生产资料，沦为无产者，成为资本家雇佣者。“我们的小农，同过了时的生产方式的任何残余一样，在不可挽回地走向灭亡。他们是未来的无产者。”② 三是农业工人和佃农。农业工人是农村中的无产阶级，他们没有任何生产资料，只能靠出卖自己的劳动力到地主或大农的庄园中被雇佣来维持生活。佃农没有土地，他们租种地主的土地，受地主剥削，并永远向地主服一定的劳役，缺少人身自由。

马克思恩格斯不仅考察了资本主义条件下农民的各个阶层，从而

① 《马克思恩格斯选集》第 4 卷，人民出版社 1995 年版，第 484 页。

② 《马克思恩格斯选集》第 4 卷，人民出版社 1995 年版，第 487 页。

立体地分析了农民，而且在考察农村中农民的各阶层及其特点后，马克思恩格斯还认识到，小农、佃农和农村无产阶级是工业无产阶级要在农村中争取的对象，他们所承受的痛苦，源自于资产阶级。所以，无产阶级只有同小农、佃农和农村无产阶级建立起联盟，才能对抗资本主义剥削制度，建立无产阶级政权，农民也才会结束他们经济上的贫困和社会地位低下的境况。因此，工人阶级要促使农民建立属于农民自己的组织——农业合作社。同时，农业合作社的主要参加者是农民，在不断吸引农民入社的同时，制定各项措施来维护农民的利益。马克思提出，“这些措施，一开始就应当促进土地的私有制向集体所有制过渡，让农民自己通过经济的道路来实现这种过渡；但是不能采取得罪农民的措施，例如宣布废除继承权或废除农民所有权”①，“只有当租佃资本家排挤了农民，而真正的农民变成了同城市工人一样的无产者、雇佣工人，因而和城市工人直接地而不是间接地有了共同利益的时候，才能够这样做。”② 恩格斯认为，为了避免小农的灭亡，就必须“首先是把他们的私人生产和私人占有变为合作社的生产和占有，不是采用暴力，而是通过示范和为此提供社会帮助”③。按照恩格斯的主张，一定要遵循自愿原则，吸引小农，促使他们加入到农业合作社中来。

其次，马克思恩格斯认为，农业合作经济组织具有包容性和发展性特点，马克思恩格斯所处时代的农业合作社，是资本主义性质的农业合作社，这种性质的农业合作社虽然在一定程度上改善了农民的生活和经营状况，但农民受农业资本盘剥及中间商盘剥的境况并未得到根本改变。所以，马克思恩格斯认为，资本主义制度下的农业合作社将随着无产阶级革命及无产阶级专政国家的建立逐步向社会主义方向发展。马克思提出：“如果合作制生产不是一个幌子或一个骗局，如果它要去取代

① 《马克思恩格斯选集》第3卷，人民出版社1995年版，第287页。

② 《马克思恩格斯选集》第3卷，人民出版社1995年版，第287页。

③ 《马克思恩格斯选集》第4卷，人民出版社1995年版，第498页。

资本主义制度，如果联合起来的合作社按照共同的计划调节全国生产，从而控制全国生产，结束无时不在的无政府状态和周期性的动荡这样一些资本主义生产难以逃脱的劫难，那么，请问诸位先生，这不是共产主义、'可能的'共产主义，又是什么呢?"①恩格斯认为，"我的建议要求把合作社推行到现存的生产中去。正像巴黎公社要求工人按合作方式经营被工厂主关闭的工厂那样，应该将土地交给合作社，否则土地会按照资本主义方式去经营。这是一个巨大的差别。至于在向完全的共产主义经济过渡时，我们必须大规模地采用合作生产作为中间环节，这一点马克思和我从来没有怀疑过"。②所以，在马克思恩格斯看来，当时农业合作社仅仅是资本主义社会改良的结果。如果没有无产阶级国家政权，农民无论怎样合作，如何合作，其组织的合作社最终要为资本主义服务。所以，农业合作社作为经济组织在为农民争取利益的同时，其自身也有社会制度意义上的属性问题，即存在资本主义条件下的农业合作社和社会主义条件下的农业合作社问题。

再次，有关农业合作化中的土地政策主张。马克思恩格斯分析了欧洲资本主义国家的农业合作，他们认为，在资本主义国家，可以通过农业合作引导农民参加无产阶级革命。

马克思恩格斯在关注资本主义国家农业合作时，分析了这些国家农业合作中的土地问题。马克思恩格斯提出，"当法国的大地产被暴力分割时，英国的小块土地却被大地产侵占和吞并"③，"现在几乎全部土地都划分成数量不多的大庄园，并以庄园为单位出租。"④"大租佃者的竞争把小租佃者和自耕农从市场上排挤出去，使他们穷困潦倒"⑤。这

① 《马克思恩格斯选集》第3卷，人民出版社1995年版，第59—60页。

② 《马克思恩格斯选集》第4卷，人民出版社1995年版，第675页。

③ 《马克思恩格斯选集》第1卷，人民出版社1995年版，第26页。

④ 《马克思恩格斯选集》第1卷，人民出版社1995年版，第26页。

⑤ 《马克思恩格斯选集》第1卷，人民出版社1995年版，第26页。

样，就使本来在土地上生活的英国农民失去了生产资料，而后转变为农业工人。在德国，具体情况是：既存在着拥有大片土地的富裕农民，也存在占有少量土地的农民。而在法国，具体情况是：占有少量土地的农民居多。那些占有少量土地的农民代表落后的生产关系，为保护自己的小块土地，他们甚至背负沉重的高利贷。

马克思恩格斯认为，在农业发展中，“法国的农民所有制，比英国的大地主所有制离土地国有化要远得多。”① 英国则随着“社会的经济发展，人口的增长和集中，迫使资本主义农场主在农业中采用集体的和有组织的劳动以及利用机器和其他发明的种种情况，正在使土地国有化越来越成为一种‘社会必然性’”②。在马克斯恩格斯看来，避免农民贫困或破产的道路只有一条，转变农民的私人生产和私人占有，发展合作经济。这样“生产资料的全国性的集中将成为由自由平等的生产者的各联合体所构成的社会的全国性的基础”③。恩格斯曾谈到，在存在大土地所有制的地方，无产阶级掌握政权后，就要“把大地产转交给（先是租给）在国家领导下独立经营的合作社，这样，国家仍然是土地的所有者”④。“至于在向完全的共产主义经济过渡时，我们必须大规模地采用合作生产作为中间环节，这一点马克思和我从来没有怀疑过。但事情必须这样来处理，使社会（即首先是国家）保持对生产资料的所有权，这样合作社的特殊利益就不可能压过全社会的整个利益。”⑤

由此可知，马克思恩格斯强调土地的国有，这里所说的土地国有还不是现代意义上的合作社的土地所有。“社会运动将作出决定：土地只能是国家的财产。把土地交给联合起来的农业劳动者，就等于使整个

---

① 《马克思恩格斯选集》第 2 卷，人民出版社 1972 年版，第 453 页。
② 《马克思恩格斯选集》第 3 卷，人民出版社 1995 年版，第 127 页。
③ 《马克思恩格斯选集》第 3 卷，人民出版社 1995 年版，第 130 页。
④ 《马克思恩格斯选集》第 4 卷，人民出版社 1995 年版，第 675 页。
⑤ 《马克思恩格斯选集》第 4 卷，人民出版社 1995 年版，第 675 页。

社会只听从一个生产者阶级摆布。”①

其四，马克思恩格斯主张，通过农业合作化开展农业规模化经营。马克思恩格斯认为，土地的大规模耕作优越性较大，但要实现土地的大规模耕作，就要实现土地的集中，当然，马克思恩斯主张的土地集中，不是土地的私人集中，而是土地的国家控制，并由农业合作社来经营管理。为此马克思提出，“我们需要的是日益增长的生产，要是让一小撮人随心所欲地按照他们的私人利益来调节生产，或者无知地消耗地力，就无法满足生产增长的各种需要。一切现代方法，如灌溉、排水、蒸汽犁、化学处理等等，应当在农业中广泛采用。但是，我们所具有的科学知识，我们所拥有的耕作技术手段，如机器等，如果不实行大规模的耕作，就不能有效地加以利用”②，从而不利于生产。

第三，马克思恩格斯有关农业合作化的论述，对今天农民专业合作社的科学发展，具有理论意义。

首先，马克思恩格斯的论述对农民专业合作社坚持社会主义发展方向，具有理论指导意义。马克思恩格斯揭露资本主义社会矛盾，科学论述了社会主义和共产主义的发展趋势。同时，对于农业合作化，马克思恩格斯做了深入的阐述。但是，马克思恩格斯所述的是资本主义国家的农业合作社，着眼于农业合作化对改造小农的重要意义以及农业合作社的发展问题。马克思恩格斯从科学社会主义的高度论述农业合作化，今天，我国农民专业合作社的发展应立于中国特色社会主义发展的新阶段以及社会主义新农村建设的高度，加以观照。

其次，马克思恩格斯关于农业合作化的论述，对农民专业合作社的科学发展，具有理论价值。马克思恩格斯从不肯定小农、小规模农业生产、土地私有。他们认为，未来农业发展所呈现的特点，即土地公

① 《马克思恩格斯选集》第3卷，人民出版社1995年版，第129页。

② 《马克思恩格斯选集》第3卷，人民出版社1995年版，第128页。

有、大规模生产、社会化生产等等。马克思恩格斯基于资本主义国家农业农村发展现实，对农业及农业合作化所作的阐述，值得我们慎思：农民专业合作社的发展一定有利于农业生产的现代化；农民专业合作社的发展一定有利于社会主义基本经济制度在农村的巩固；农民专业合作社的发展一定有利于塑造新农民。

二、列宁农业合作化思想基本观点论要

作为列宁主义组成部分的列宁农业合作化思想的基本观点，主要散见在列宁经典文献中。探究马克思主义农业合作化理论可知，无论在实践上，还是在理论上，列宁的贡献都极为突出。列宁亲历了俄国社会主义革命和社会主义建设，并在实践的基础上形成了他的农业合作化思想。列宁农业合作化思想既是对马克思恩格斯农业合作化思想的继承，又有对马克思恩格斯关于农业合作化理论的创新性发展。同时，在实践中，列宁对农业合作化认识的流变性较大，其农业合作化思想内容体现在列宁对农业合作化的动态认识中。列宁对农业合作化的认识变化较大，这不仅仅是一个理论问题，而且关系到我国如何组织发展农民专业合作社的现实问题。

第一，基于实践，列宁不断调整农业合作化思路。在俄国社会主义革命和建设中，农业合作化涉及的是改造农业农民的问题，一方面，从农民利益的角度，农业合作化是改变农民经济社会地位和生活状况的主要途径；另一方面，从革命及国家建设的战略角度，农业合作化是工农联盟的巩固、无产阶级政权的巩固以及国家工业化建设的战略措施。所以，农业合作化及其相应组织制度的建立从来都不是一个简单的农业经济问题，而是与农民的改造、农业的发展以及国家经济社会发展战略需要密切联系的。列宁是第一位实践社会主义的无产阶级革命家，列宁既坚持和继承马克思恩格斯的基本立场，又善于从实际出发，在实践中总结经验，发展和创新马克思恩格斯农业合作化思想，这集中体现

在列宁基于实践不断调整农业合作化思路的思想认识上。审视十月革命前后的历史脉络，同时深度地研读列宁有关农民及农业合作化的经典文献，列宁这种适应实践发展而不断调整农业合作的辩证思路清晰地表现出来。

关于从组织制度上怎样组织农民，列宁的思想认识大体经历两个时期，表现为对两种农业合作制的设计：即共耕制和合作制（从广义上看，二者涉及的都是农业合作化问题），其中在实践基础上形成的以列宁口述的《论合作社》为主要标志，肯定了商品生产和交换的合作制，这是列宁农业合作化思想的可贵之处，也是农业合作化思想的原真内容。

列宁早期有关农业合作化的思想认识继承了马克思恩格斯农业合作化思想，主张并践行共耕制。从时间上划分，以 1921 年春新经济政策的实施为界标，在此之前，列宁主张以共耕制的形式将分散的农民组织起来，实现俄国农业由小农经济向社会主义大农业的直接过渡。之后，列宁主张以合作制的形式将农民组织起来，这一判断可以从 1921 年春新经济政策实施以前的列宁论述中得到确证。列宁认为，“公社、劳动组合耕种制、农民协作社，——这就是摆脱小经济的弊病的出路”①。“只要从这种分散的小经济过渡到公共经济，劳动生产率就会提高一两倍，农业和人类生产活动中人的劳动就会节省一半以至三分之二。”② 同时，列宁认为，实行共耕制是一个过程，“实现由个体小农经济到共耕制的过渡，显然需要很长时间，绝对不可能一蹴而就。”③ “我们深深知道，由个体小农经济过渡到共耕制，是千百万人生活中一场触及生活方式最深处的大变革，只有经过长期的努力才能完成。”④ 对于实

---

① 《列宁全集》第 35 卷，人民出版社 1985 年版，第 174 页。
② 《列宁全集》第 35 卷，人民出版社 1985 年版，第 353 页。
③ 《列宁全集》第 35 卷，人民出版社 1985 年版，第 352 页。
④ 《列宁全集》第 35 卷，人民出版社 1985 年版，第 353 页。

行共耕制的农业合作社是怎样的农业合作，列宁是这样论述的："我们的任务就是在农业中用减少个体经济的办法来发展从节省劳动和产品的意义说更为有利的集体经济"，① 因此，实现"共耕制"，即"向这种集体支配土地的形式过渡，向共耕制、向国营农场和公社过渡"。② 列宁在 1919 年的《对土地共耕条例草案的意见》中，又进一步阐述了"共耕制"的图景，他指出："土地共耕制在土地村社范围内实行，在耕地、播种、收获以及从根本上改良土壤时，由其全体成员或部分成员合理地组织起来投放劳动，集体使用生产数据。……个人或家庭不得以雇用别人或交费的方式来代替参加共耕劳动。……共耕社将劳动农户私人的农具收归公有"。③ 显然，向共耕制过渡，就是俄国农业向集体化的过渡，共耕社作为共耕制的组织载体，即是集体农庄。显然，在共耕制下，农具牲畜等生产资料是公有的，实行集体成员的共同耕作、集中经营、统一分配，并打造大规模农业生产业态。

列宁对共耕制的认可有其历史、现实及认识上的因由。从思想认识上，列宁的共耕制思想与马克思恩格斯对未来社会的预设及其农业合作化思想有关。虽然马克思恩格斯有对东方落后国家跨越资本主义以及建立社会主义的论述，也就是他们的东方社会理论，但是马克思恩格斯对于未来社会的预设总体上是基于当时资本主义充分发展的现实，并以此来阐述未来社会主义的。马克思恩格斯主张克服资本主义私有制的种种弊端，建立超越于资本主义生产关系的新的生产关系，这一点是不容否定的。为此，马克思恩格斯对农业生产合作化的论述，同样基于当时资本主义充分发展的现实，他们主张土地的大规模经营，主张土地的公有，主张建立和发展不同于资本主义条件下的农业生产合作社。应该承认，马克思恩格斯所预设的未来新社会的农业合作化不同于资本主义条

① 《列宁全集》第 35 卷，人民出版社 1985 年版，第 355 页。

② 《列宁全集》第 35 卷，人民出版社 1985 年版，第 357 页。

③ 《列宁全集》第 35 卷，人民出版社 1985 年版，第 458—459 页。

件下的农业合作化。在实际中，苏维埃俄国并未经历资本主义的充分发展，农业合作化的环境十分复杂，最初，列宁对农业如何合作，思想上承继的是马克思恩格斯取消商品生产以及直接实行生产合作的农业合作化思想，共耕制的主张就是这种思想的集中体现。

从社会历史及现实的角度，十月革命胜利后不久，由于严重的粮食问题和国内战争，新生的苏维埃政权急于解决粮食供应和分配问题，要求农业合作化适应战争形势的需要，为此，苏维埃俄国实行战时共产主义政策，采取了余粮征集制度，将十月革命前的消费合作社改造为国家粮食分配机构，列宁指出："在分配方面，苏维埃政权现时的任务是坚定不移地继续在全国范围内用有计划有组织的产品分配来代替贸易。目的是把全体居民组织到统一的消费公社网中，这种公社能把整个分配机构严格地集中起来，最迅速、最有计划、最节省、用最少的劳动来分配一切必需品。"① 战时共产主义政策及余粮征集制度在农业生产领域的具体表现则是共耕制。

今天，作为列宁农业合作化思想重要内容的共耕制主张，已由历史印证，共耕制的运作适应了当时战争形势，但它在实践中的收效甚小，实行共耕制的集体农庄对农户吸引力不大，"即使在共耕制发展的最高年份 1921 年，参加户数也只占农户的 0.9%"。② 同时，实行共耕制的集体农庄生产费用高，农业贡献率较低，没有成为农业发展的榜样。此外，还应承认，对于农业合作化所面对的社会现实，列宁不同于马克思恩格斯，一方面，列宁面对的是鲜活的、具体的、多变的现实，即农业合作化改造数量众多的小农的现实；另一方面，列宁是处于资本主义不发达、小农经济占绝对优势的俄国社会历史条件下来考虑和实施农业合作化问题的。所以，较之马克思恩格斯农业合作化思想，列宁的农

---

① 《列宁选集》第 3 卷，人民出版社 1995 年版，第 748—749 页。

② 杨承训、余大章：《论列宁从共耕制到合作制的战略思想转变》，《中国社会科学》1984 年第 2 期。

业合作化思想现实针对性强，并对马克思恩格斯农业合作化思想有很大的创新，这主要体现在实行新经济政策后，伴随国家经济政策的重大转变，列宁对俄国农业合作的认识也发生了重大转变，他总结共耕制的经验教训，主张采取合作制战略思想，其中以列宁口述的《论合作社》为主要标志，体现了列宁在农业合作化问题上的辩证思维和可贵之处。

第二，列宁农业合作化思想的原意释析。长期以来，理论界有一种认识，即斯大林时期的苏联农业集体化与我国的人民公社化运动都是列宁农业合作化思想严重影响的结果。怎样看待这个问题呢？这要从分析列宁农业合作化思想的原真内容开始。列宁农业合作化思想对于东方落后国家改造小农经济，发展农业生产，是一笔宝贵的理论财富，关键是：我们要认识和理解列宁农业合作化思想的原真内容。有的研究者仅仅看到了列宁共耕制思想实践效应低下的一面，看到苏联农业集体化和我国人民公社化运动的负面作用，而没有认识到列宁农业合作化思想的历史演进和完善过程。虽然列宁主张共耕制，也进行了实践，但他很快地总结实践经验，在怎样组织农业合作的问题上，列宁尊重实践，适应实践的需要，对如何进行苏联农业合作问题，进行了适时的创新性转化和发展。当苏维埃俄国由战时共产主义政策转变为新经济政策后，列宁农业合作化思想随之发生重大转变，这时列宁对农业合作化的认识较之以前发生重大变化，这种变化正是列宁合作化思想发展创新的体现，也是其精华所在。只有在历史演进中观照列宁农业合作化思想，才能发现苏联集体化以及我国人民公社化运动秉承的并非是列宁农业合作化思想的精华。通过深入地耕读列宁经典文献，不难发现，列宁农业合作化思想基于现实，阐释的是：在没有经历资本主义充分发展的落后国家，改造小农经济，组织农业合作的问题。列宁农业合作化思想的原真内容主要在于：

十月革命前，列宁并没有认识到农业合作化的重要性，十月革命后，随着具体形势的发展变化，列宁认识到农业合作化有着重要的意义，他高度评价农业合作化的重要价值，并指出："合作社在我国有了非常重大的意义。"① 事实上，农业合作化的意义对当时巩固新生的苏维埃政权，对于改造小农、发展农业、实现农民利益，对于国家工业化等等，都有着不可估量的意义。所以，列宁特别强调，"不是所有的同志都明了，俄国的合作化现在对我们有多么巨大的、不可估量的意义。"② "要是完全实现了合作化，我们也就在社会主义基地上站稳了脚跟。"③

列宁认为，在不同的社会历史条件下，合作社有不同的属性和功能。"合作社在资本主义国家条件下是集体的资本主义机构"④，而"在无产阶级对资产阶级取得了阶级胜利的条件下，文明的合作社工作者的制度就是社会主义的制度。"⑤ 在列宁看来，农业合作化要符合农业农村发展的实际，也要考虑农民的习惯和适应性。列宁认为，在落后的分散的小农经济占优势的国家里，需要通过组织农业合作以改造落后的分散的小农经济，但不能简单直接地将落后的分散的小农经济过渡到集体大农业（集体农庄），为此，列宁指出，"1921 年开春以来，我们提出（还不是'已经提出'，只是刚刚'提出'，并且还没有充分意识到这一点）完全不同的、改良主义的办法来代替原先的行动的办法、方案、方法、制度。所谓改良主义的办法，就是不摧毁旧的社会经济结构"⑥，不摧毁个体小农经济，而逐步地审慎地改造它们。"幻想出种种工人联合体来建设社会主义，是一回事；学会实际建设这个社会主义，能让所有小农都参加这项建设，则是另一回事。我们现在达到的就是这级台阶。"⑦

① 《列宁选集》第 4 卷，人民出版社 1995 年版，第 767 页。
② 《列宁选集》第 4 卷，人民出版社 1995 年版，第 767 页。
③ 《列宁选集》第 4 卷，人民出版社 1995 年版，第 773 页。
④ 《列宁选集》第 4 卷，人民出版社 1995 年版，第 772 页。
⑤ 《列宁选集》第 4 卷，人民出版社 1995 年版，第 771 页。
⑥ 《列宁选集》第 4 卷，人民出版社 1995 年版，第 611 页。
⑦ 《列宁选集》第 4 卷，人民出版社 1995 年版，第 768 页。

深入地回视列宁关于农业合作的诸多论述可知，在列宁的思想深处，他既充分肯定农业合作化的价值意义，又努力避免农业合作实践中的可能出现的偏颇。列宁认为，发挥农业合作社的作用，避免实践中可能出现的偏颇，必须关注两个基点：一是，正确对待商品生产和商品交换。商品生产和商品交换使农民的利益与其他社会阶级阶层的利益联结起来，商品生产和商品交换使农业产品流转，使工农业之间互动，使农业生产参与国际分工，等等。在当时的条件下，离开商品生产和商品交换，农业合作社是没有前途的。对此，列宁在《论合作社》一文中指出："合作社的发展也就等于（只有上述一点'小小的'例外）社会主义的发展，与此同时我们不得不承认我们对社会主义的整个看法根本改变了。"① "仅仅通过合作社，通过曾被我们鄙视为做买卖的合作社的——现时在新经济政策下我们从某一方面也有理由加以鄙视的——那种合作社来建成完全的社会主义社会所必需的一切吗？"② 列宁还指出："在新经济政策中，我们向作为商人的农民作了让步，即向私人买卖的原则作了让步；正是从这一点（这与人们所想的恰恰相反）产生了合作社的巨大意义。"③ 二是，切实从农民利益出发，组织农业合作事业，处理好农民利益与国家利益关系。促进农业发展，给予农民利益，是组织农业合作社的主要目的，同样也是农业合作社得以发展的关键。如果农业合作社的发展与农民利益无关，如果农业合作社发展成果更多归属于国家，那么农业合作社发展的成果则甚少属于农民。由于农民的利益得不到充分的体现，农业合作社的活力必将减弱，农业合作化也将异化。农民利益与国家利益的结合是农业合作社发展的一个基点。对此，列宁曾指出："俄国居民充分广泛而深入地合作化，这就是我们所需要的一切，因为现在我们发现了私人利益即私人买卖的利益与国家对这种利益

① 《列宁选集》第4卷，人民出版社1995年版，第773页。

② 《列宁选集》第4卷，人民出版社1995年版，第768页。

③ 《列宁选集》第4卷，人民出版社1995年版，第767—768页。

的检查监督相结合的合适程度，发现了私人利益服从共同利益的合适程度。"①

要切实地关注以上两个基本点，列宁认为，应实行优待政策，必须"使它能一般地、经常地享受一定的优待"②，即"在经济、财政、银行方面给合作社以种种优惠"③。同时，列宁还主张，要尊重农民的意愿，使其自愿参加农业合作社。

此外，列宁认为，文化及其建设对农业合作化发展具有重要作用。列宁指出："农民应该牢牢记住的，他们以为一个人既然做买卖，那就是说有本领做商人。这种想法是根本不对的。他虽然在做买卖，但这离有本领做个文明商人还远得很。"④"我们的第二个任务就是在农民中进行文化工作。"⑤

第三，列宁在亲历社会主义革命和社会主义建设中，积极推进俄国农业合作化，其思想和实践对我国农民专业合作社的科学发展富有价值。历史发展到今天，农民合作经济组织在我国仍以各种形式存续着。改革开放后，农村在以农户为单位的家庭经营基础上，出现了形式多样的农民合作经济组织，其中尤以农民专业合作社的发展最快。农民专业合作社是农民合作经济组织的一种形式，虽然其与列宁所述的农业合作社有所不同，但二者都属于农民合作经济组织。应该说，我国农民专业合作社从建立到发展，时间不长，总的来说还处于初始阶段。我国农民专业合作社的深入发展既要在实践中不断总结成功经验，又需要正确的理论和政策的指导及引领。列宁农业合作化思想是基于苏联社会主义革命和建设实践而形成的，今天，他的农业合作化思想对我国农民专业合

---

① 《列宁选集》第4卷，人民出版社1995年版，第768页。
② 《列宁选集》第4卷，人民出版社1995年版，第769页。
③ 《列宁选集》第4卷，人民出版社1995年版，第770页。
④ 《列宁选集》第4卷，人民出版社1995年版，第770页。
⑤ 《列宁选集》第4卷，人民出版社1995年版，第773页。

作社的发展，仍具有重要的理论价值。

作为合作经济组织，又是主要以农民为主体的农民专业合作社，如果它的建立及发展不以农民的利益为归宿，那么它的前途必然渺茫，在实践中，它只能在低效的运作中走向尽头。列宁有关国家利益与农民利益相结合的观点，对我国农民专业合作社的发展，具有重要理论意义。发展农民专业合作社，既要观照国家发展的宏观战略，又要考虑到农业发展与农民的利益问题，顾及农民专业合作社内部利益分配及公平问题。回顾不远的历史，我国曾出现因未能遵循列宁这一思想观点所导致的人民公社化运动，期间侧重于从国家工业化战略组织农业合作。诚然，当时我国工业化建设需要大量的资金，在当时的历史条件下，这些资金需要从农业积累中获得，但这种做法过激，持续时间过长，其结果是：农民生产积极性几乎向归零方向蔓延，致使农业效益低下，影响广大民众的生活水平。

在共耕制实践效果甚微的情况下，列宁不再主张搞大规模的集体农庄，不再强调农业集中经营问题，并适时地放弃了共耕制。这说明，列宁注意到了国家利益和农业合作社关联问题，也说明，列宁农业合作化思想在不断演进完善。我国农民专业合作社的发展也应从中获得启示：一方面，要注意政府与农民专业合作社的关系问题，农民专业合作社的发展既离不开中国共产党和政府的领导、服务、扶持、规范，但也要避免使党和政府的权力向农民专业合作社内部治理领域过度延伸，这里有一个限度，即国家权力向农民专业合作社的延伸应以其不影响合作社的发展为限度；另一方面，要注意农民专业合作社实践经验的总结，及时摒弃其发展中违背合作社基本原则、损害农民利益的种种做法。

按照列宁农业合作化思想，在经济全球化以及社会主义市场经济条件下，当前，农民专业合作社的发展同样要重视商品生产和商品交换问题。如上所述，最初对于组建和发展农业合作社，列宁的主要思路是取消商品生产，忽视商品交换，搞共耕制的集体农庄。经过实践，列宁很快转变这一思路，注重商品生产和商品交换在农业合作社发展中的作用。列宁曾广泛地论述消费合作社及其价值，他认为，通过流通环节促进工农互动，实现农民利益。

列宁对农业合作社属性功能的论述对我国农民专业合作社的发展，具有重要价值。“农民专业合作社是在农村家庭承包经营基础上，同类农产品的生产经营者或者同类农业生产经营服务的提供者、利用者，自愿联合、民主管理的互助性经济组织。”① 它不同于当今资本主义国家的农业合作社，也不是人民公社的复归。因此，要借鉴国外农业合作社发展的经验和吸取人民公社的教训，注意其属性功能的定位。在实际中，使我国农民专业合作社的发展真切地体现为既不是当代资本主义国家农业合作经济组织的复制，也不是我国历史上人民公社的复归，不是当今农村其他带有计划经济时期痕迹的合作经济组织。要按照法律界定的农民专业合作社的组织属性，来促进农民专业合作社的发展。

列宁在论及农业合作化时，还特别关注文化在农业合作社发展中的重要作用，这对我国农民专业合作社的发展，具有重要指导价值。列宁强调，农民要具备应有的文明素质，要做文明的商人，做文明的合作社工作者，要求农民读书识字，提高文化修养。今天，我们应该认识，农民专业合作社不仅富有经济功能，也具有社会功能和文化功能。通过加入农民专业合作社，农民的合作意识及合作精神得到培养和提高，农民的生产技能得到提升，农民的市场意识及参与市场竞争的能力得到锻炼。农民专业合作社是经济组织，也是施教机构，肩负进行合作文化建设的任务。反过来，合作文化也会助推农民专业合作社的健康发展。

三、中国共产党领导的农业合作化实践及基本观点

实践是认识的基础和来源，中国共产党关于农业合作化的基本观

① 《中华人民共和国专业合作社法》，中国法制出版社 2006 年版，第 3 页。

点来源于其领导的农业合作化实践，中国共产党领导的农业合作事业及有关农业合作化的论述始于民主革命时期，经过新中国成立后的农业互助合作及农业社会主义改造、人民公社化运动以及改革开放后“新农合”的发育发展，中国共产党关于农业合作化的思想认识不断发展，展现出中国共产党关于农业合作化的基本思路。中国共产党领导的农业合作实践坚持以马克思主义为指导，在实践中形成的经验及理论认识是对马克思主义经典作家农业合作化思想的继承与发展。

第一，中国共产党关于农业合作化的基本观点，包括以毛泽东、邓小平、江泽民、胡锦涛、习近平等为代表的中国共产党人的相关论述，在中国共产党的相关文献中，也有关于农业合作化的论述，这些论述体现了中国共产党在革命、建设和改革中的农业合作化思想的基本观点。事实上，中国共产党关于农业合作化的基本观点构成了中国化马克思主义农业合作化思想的基本内容，是对马克思主义农业合作化思想的继承与发展。

首先，中国共产党关于农业合作化的基本论述与马克思、恩格斯、列宁有关农业合作化的论述一脉相承，这主要在于：一是，二者以相同的世界观和方法论即辩证唯物主义和历史唯物主义为理论基础，坚持从实际出发，以推进农业合作化为根本原则，坚持农业合作经济组织的创建及发展与一定的生产方式相适应的原则，等等。二是，在农业合作社的性质上，二者都承认，农业合作社与不同的生产方式相联系，具有不同的属性。所以，中国共产党关于农业合作化的基本观点与马克思主义农业合作化思想都强调，农业合作社为社会主义革命服务，坚持社会主义发展方向。三是，二者都将农业合作化作为改造小农经济、改造传统农业、实现农业现代化、解放农民、增加农民收入等的重要途径。

其次，中国共产党关于农业合作化的基本论述，既有对马克思主义农业合作化思想的继承，又有对马克思主义农业合作化思想的运用及发展。这主要在于：

不拘泥于马克思主义经典作家所论述的农业合作经济组织形式，结合我国实际，在不同历史时期的实践中，组织发展了多种形式的农业合作社。组建了耕田队、劳动互助社、犁牛合作社、具有社会主义萌芽性质的农业互助组，初级形式和高级形式的农业生产合作社、农村信用合作社、农民专业合作社等。

将农业合作化与我国革命、建设和改革战略任务紧密联系起来，使农业合作化融入到革命、建设和改革实践中，发挥其功能作用。例如，在20世纪50年代，党和政府领导的农业合作化旨在完成农业社会主义改造，在农村确立社会主义基本经济制度，实现农业机械化和现代化。今天，党和政府促进农民专业合作社的发展，其旨意在于，探索新的历史条件下农村集体经济的有效实现形式，推进农业农村的改革发展，发展现代农业，建设社会主义新农村。

从革命、建设和改革的角度，中国共产党关于农业合作化的实践和认识是正确的，有贡献的。当然，在农业社会主义改造中，尤其是从1958年到1978年改革开放前，中国共产党在如何进一步推进农业合作化问题上，出现了脱离实际，大搞人民公社的实践和认识上的偏颇及失误，这是当时“左”倾错误影响的结果。同时，我们还应承认，从1958年到1978年改革开放前，中国共产党也曾对人民公社组织制度进行了有限调整。同时，不可否认，在人民公社时期，我国工业化建设所需资金主要来源于农业农村的积累。在历史上，人民公社总体上所起的作用是负面的。此外，人民公社的实践运作也为我国农业合作化积累了经验教训。总之，新中国成立后，农业合作化实践及农业合作经济组织形式的演进在一定程度上反映出中国共产党探索社会主义农业农村发展之路的曲折。

第二，没有实践，就没有对事物的深刻认识，中国共产党关于农业合作化基本观点根源于实践，因而首先要从实践论起。在实践中，农业合作化是不断变化发展的。中国共产党关于农业合作化的认识是在其组织领导和促进农业合作化发展的实践中而形成发展的。

首先，在实践中，我国农民自发的互助合作历史上早已有之，但作为正式的合作经济组织，是在近代以来世界合作运动的影响下出现的。从 1924 年至 1927 年的国民革命期间，虽然毛泽东总结农民运动的经验，强调将农民组织起来，对解放农民具有重要意义，但这时还没有中国共产党独立组织领导的农业合作经济组织。中国共产党独立组织领导的农业合作经济组织始于土地革命时期。在土地革命时期，中国共产党领导农民开展农村革命根据地建设，期间组织了耕田队、劳动互助社、犁牛合作社等形式的农业合作经济组织，参加这些形式多样的农业合作经济组织的社员主要是贫农、雇农、中农。当时，耕田队、劳动互助社、犁牛合作社等农业合作经济组织的目的在于：解决因革命战争所造成的劳力、耕具短缺的问题。应该说，土地革命时期中国共产党领导的农业互助合作具有较强的革命性，以及着眼于发动和组织农民的目的性。在抗日战争时期的农村革命根据地内，面对严峻的民族危亡，中国共产党领导的农业互助合作主要表现为"劳武"结合的农业互助合作社和变工队等形式，这一时期的农业合作经济组织一方面其社员具有广泛性，体现了党的抗日民族统一战线政策和策略；另一方面较之土地革命时期，这一时期中国共产党领导的农业互助合作较为尊重农民的意愿。

其次，在解放战争时期的农村根据地内，中国共产党积极开展农业互助合作运动，组织农民建立了拨工队、互助队等形式的农业合作经济组织。解放战争时期的农业互助合作是在解放区土地改革和大规模战争环境中组织发展的，农业互助合作的规模较大，发展速度较快。同时，解放战争时期党领导的农业互助合作与当时的土地改革结合起来。1945 年抗日战争胜利后，国内时局发生了重大变化，以国民党为代表的大地主大资产阶级与以中国共产党为代表的广大工农大众之间的矛盾上升为主要矛盾。根据形势的变化，1946 年 5 月中共中央决定，将抗日战争时期减租减息的土地政策转变为以各种形式从地主手中获得土地分配给农民的政策。这个政策颁布后，在解放区，随即开展了土地改革运动。1947 年 7 月中共中央召开全国土地会议，会议通过的《中国土地法大纲》规定，没收地主阶级的土地、按人口平均分配土地，这是在全国消灭封建土地制度的纲领，这个纲领颁布后，解放区掀起了土地改革运动高潮。解放战争时期解放区内土地改革运动的大发展使广大农民获得了土地，在解放区局部范围内消除了封建生产关系的根基即封建土地所有制。

再次，从 1949 年中华人民共和国成立到 1952 年底国民经济恢复任务的完成，中国共产党继续积极倡导农业互助合作，新老解放区的农业互助合作继续发展。当时的情况是：一方面，中国共产党和政府积极促进老解放区的农业互助；另一方面，在新解放区，中国共产党和政府领导农民完成土地改革这一民主革命遗留的任务，同时倡导农业互助。到 1952 年底，“土地改革运动除新疆、西藏等少数民族地区以及台湾外，在全国基本完成，三亿多无地少地的农民无偿地获得了七亿亩土地和其他生产资料。”① 这样，到 1952 年底，在我国绝大部分地区，以农民土地所有制取代了封建土地所有制，与此同时，也造成了中国汪洋大海的小农经济。

实现农民土地所有制，是新民主主义革命的目标，在这一目标完成后，由于小农经济本身有许多弊端以及由新民主主义向社会主义转变的历史任务，因此不能停留在农民土地所有制阶段，改造个体农民，是历史发展的趋势。于是，从 1953 年到 1956 年底，为改造小农经济和传统农业，实现个体农民向社会主义条件下新农民的转变，在农村确立社会主义经济制度，我国对农业进行了社会主义改造。在新中国成立初的农业互助及农业社会主义改造中，出现互助组（临时的或常年的）、初

① 中共中央党史研究究：《中国共产党历史大事记》（1919.5—1987.12），人民出版社 1989 年版，第 202 页。

级形式的农业生产合作社和高级形式的农业生产合作社等。通过这些由低级到高级的互助合作经济组织，我国完成了农业社会主义改造。

其四，社会主义改造完成后，高级形式的农业生产合作社存续了两年，到 1958 年秋后，大量高级形式的农业生产合作社转变为人民公社。虽然人民公社有“公社”之名，但它还不是农业合作经济组织，确切地说，它与苏联集体农庄类似，人民公社的基本特点是政社合一。对于人民公社，应该辩证地对待，既要看到它总体上的负面作用，还要看到它的有限的正向作用。同时，既要看到中国共产党和政府发动人民公社化运动的不足及失误，还要看到中国共产党和政府对人民公社的持续整顿。1978 年改革开放后，在农村基本经营制度发生重大转变的情况下，人民公社已不能适应我国改革和农业农村发展的需要，到 1985 年，最后一个人民公社宣布解体，人民公社即成历史。同时，在历史的行进中，新的农业合作经济组织形式在孕育发展着，从 20 世纪 80 年代中后期至今，各种形式的农民专业协会、农业服务队、农民专业合作社、社区性农业合作社等等不断涌现发展。

回视历史，我们不难发现，无论是在长期革命中，还是在建设和改革中，中国共产党始终坚持组织农民，开展互助合作事业，发展农业合作经济组织，而且实践中的农业合作经济组织形式变化多样，丰富多彩。从总体上来看，民主革命时期以及从 1949 年 10 月中华人民共和国成立到 1956 年社会主义改造完成即由新民主主义到社会主义转变时期，农业合作化的实践是成功的；从 1958 年夏秋之际到 1978 年改革开放前，中国共产党虽然致力于农业合作化的发展，但因“左”倾错误的影响，在实践中，农业合作化严重脱离实际，农业合作经济组织的发展亦出现严重脱离实际的现象；1978 年改革开放以来，在新的历史条件下，中国共产党对于农业合作化的组织及发展，有了新思路、新观点，农业合作经济组织的发展出现新的转机。

第三，中国共产党关于农业合作化思想的基本观点分析。在民主革命时期局部的革命根据地以及新中国成立后的全国范围内的农业合作化实践中，中国共产党形成并发展了有关农业合作化的思想认识。

首先，最早从土地革命时期开始，在革命实践中，中国共产党观察和审视农业互助合作问题，逐步形成有关农业合作化的思想认识。20世纪30年代，毛泽东曾在农村做了大量的调查，写下了著名的《寻乌调查》、《兴国调查》、《长冈乡调查》以及《才溪乡调查》等名篇，文中多处提及农业合作经济组织，并阐述了中国共产党对农业合作经济组织的初步态度及观点：一是，“提倡耕种互助”。① 二是，开展农业互助合作，组织和发展“合作社运动”。② 三是，发展多种形式的农业互助合作经济组织，如“劳动合作社”、“消费合作社”、“粮食合作社”、“犁牛合作社”③ 等等。四是，注重典型农业合作经济组织的示范引领作用，并将其作为互助合作经济组织，加以推动和发展。毛泽东曾指出，“顾岭村合作社为全县合作社首创，又办得最好，有模范合作社之称”。④

到抗日战争和解放战争时期，在农村革命根据地深入发展、根据地农业互助合作事业不断推进以及农业合作经济组织形式不断演进的基础上，中国共产党对农业合作化的认识也不断深入，主要表现为以下几点：一是，对民主革命时期农业互助合作，有了明确的认识，毛泽东指出，“我们的经济是新民主主义的，我们的合作社目前还是建立在个体经济基础上（私有财产基础上）的集体劳动组织。”⑤ 二是，对农业互助合作的作用及前途，有了明确的认识，毛泽东指出，“在农民群众方面，几千年来都是个体经济，一家一户就是一个生产单位，这种分散的个体生产，……而使农民自己陷入永远的穷苦。克服这种状况的唯一办法，

① 《毛泽东文集》第一卷，人民出版社 1993 年版，第 257 页。
② 《毛泽东文集》第一卷，人民出版社 1993 年版，第 304 页。
③ 《毛泽东文集》第一卷，人民出版社 1993 年版，第 332—335 页。
④ 《毛泽东文集》第一卷，人民出版社 1993 年版，第 305 页。
⑤ 《毛泽东选集》第三卷，人民出版社 1991 年版，第 931 页。

就是逐渐地集体化；而达到集体化的唯一道路，依据列宁所说，就是经过合作社。”① 所以，对于个体小农经济，“是可能和必须谨慎地、逐步地而又积极地引导它们向着现代化和集体化的方向发展的，任其自流的观点是错误的”。新中国成立前夕，毛泽东在中共七届二中全会上强调了合作社经济对于实现向社会主义过渡以及巩固新生政权的重要性，他指出：“必须组织生产的、消费的和信用的合作社，……单有国营经济而没有合作社经济，我们就不可能领导劳动人民的个体经济逐步地走向集体化，就不可能由新民主主义社会发展到将来的社会主义社会，就不可能巩固无产阶级在国家政权中的领导权。”② 这说明：毛泽东将农业合作化与克服农户生产的局限以及农业集体化联系起来，发展革命根据地的农业，就要组织农民，开展农业互助合作，克服个体农民分散家庭经营的局限，并最终将农业引向集体化方向。三是，在民主革命时期，中国共产党组织农民，开展农业互助合作的根本目的在于：服务于革命战争。民主革命时期，各种形式的农业互助合作虽然解决了农业生产劳动力、耕具短缺的困难，发挥了劳动互助的功能，但其根本上不是为了农业的发展，而是基于农业发展所遇到的应急困难的解决以及革命战争的需要，来组织农民，开展农业互助合作的。具体地说，在民主革命时期，革命根据地的青壮年男子大多参军，农业生产劳动力以及耕具不足现象严重，组织劳动互助社和耕田队“则是解决劳力问题的必要的方法”③。但这时农业互助合作的生产效能还没有引起足够的重视。

在民主革命时期，中国共产党组织农民，开展的农业互助合作，是在个体小农经济基础上进行的。在民主革命时期，中国共产党土地政

① 《毛泽东选集》第三卷，人民出版社 1991 年版，第 931 页。

② 《农业集体化重要文件汇编（1949—1957）》（上），中共中央党校出版社 1981 年版，第 3 页。

③ 《毛泽东选集》第一卷，人民出版社 1991 年版，第 132 页。

策几经变化，但从未直指小农经济，而是致力于实现农民的土地所有制，激励农民参加革命，巩固工农联盟。这种在个体小农经济基础上开展的农业互助合作，以服务于革命需要为主要目的，符合民主革命时期的实际。

其次，从 1949 年 10 月中华人民共和国成立到 1956 年社会主义改造的完成即由新民主主义到社会主义转变时期，中国共产党积极倡导农业互助合作，并形成了全国范围的农业合作化运动，新中国成立初期的农业互助合作与农业社会主义改造相呼应。在这一时期，因农业合作化实践的发展，中国共产党对农业合作化有了更加深入的认识。

要始终坚持和发展农业互助合作，组织农民，开展农业合作化。新中国成立初期，包括社会主义改造时期，中国共产党积极领导农业互助合作，使互助合作经济组织发展迅速，通过从低级到高级的农业生产合作社组织演进，完成了农业社会主义改造。之所以要始终坚持和发展农业互助合作，推进农业合作化，中国共产党主要基于以下认识：一是，小农经济是站在十字路口的经济形式，具有严重的缺陷。毛泽东指出，“小农经济。这个经济不好，但是个现实。”①“想从小农经济做文章，靠在个体经济基础上行小惠，而希望大增产粮食，……那真是难矣哉！”②农业个体生产实际上面临诸如水利、农业技术更新等这些需要通过多人协作才能解决的困难。小农经济还具有不确定性，可能出现农村新的两极分化。此外，小农经济不适应国家工业化建设的需要等等。二是，通过农业合作化，可以克服小农经济的不足，并可以增量社会主义因素，从而引导农业趋于社会主义发展方向。毛泽东认为，“农民有自发性和盲目性的一面。农民的基本出路是社会主义，由互助合作到大合作社（不一定叫集体农庄）。”③

① 《毛泽东文集》第六卷，人民出版社 1999 年版，第 296 页。
② 《毛泽东文集》第六卷，人民出版社 1999 年版，第 302 页。
③ 《毛泽东文集》第六卷，人民出版社 1999 年版，第 295 页。

明确农业合作经济组织的性质，即“合作社经济为半社会主义性质的经济”①，农业生产的协作互助，就性质而言，还是“在农民个体经济基础上的（农民私有财产基础上的）集体的互助的劳动组织”。② 当时，中国共产党组织农民开展农业合作化的根本目的在于：巩固新民主主义革命成果，实现由新民主主义向社会主义的过渡，促进农业生产的发展，实现农村生产关系的根本性变革，这也是农业合作化的主要作用所在。与新民主主义革命时期一致，这时的农业合作化同样具有革命意义，而与新民主主义革命时期不一致的是，这时的农业合作化处于深刻变动中，即由在个体小农经济基础上的农业合作化向农业生产资料集体所有基础上的农业合作化转变。此外，农业合作经济组织的规模在扩大，数量在增长，实现了农业合作社对各地农村的全覆盖。

提出了一系列推进农业合作化的正确方针政策。在革命、建设实践中，中国共产党不断总结农业合作化的经验教训，提出并采取了一系列正确的方针政策，主要有：一是，遵循自愿互利、典型示范、国家帮助的原则，尊重农民的选择，“在处理互助组和生产合作社内部所存在的任何问题上，有一条原则是必须绝对遵守的，就是贯彻自愿和互利的原则。”③ 二是，创造了从低级到高级的农业生产合作社的过渡形式。三是，“强迫命令的领导方法是错误的，但放任自流也是错误的。”④ 要采取“典型示范而逐步推广的方法”⑤。

① 《农业集体化重要文件汇编（1949—1957）》（上），中共中央党校出版社 1981 年版，第 5 页。

② 《农业集体化重要文件汇编（1949—1957）》（上），中共中央党校出版社 1981 年版，第 12 页。

③ 《农业集体化重要文件汇编（1949—1957）》（上），中共中央党校出版社 1981 年版，第 41 页。

④ 《农业集体化重要文件汇编（1949—1957）》（上），中共中央党校出版社 1981 年版，第 41 页。

⑤ 《农业集体化重要文件汇编（1949—1957）》（上），中共中央党校出版社 1981 年版，第 41 页。

同时，在社会主义改造后期即“在一九五五年夏季以后，农业合作化以及对手工业和个体商业的改造要求过急，工作过粗，改变过快，形式也过于简单划一，以致在长期间遗留了一些问题”①。但是，就全国而言，基本上完成了对农业的社会主义改造，在农村确立起社会主义基本经济制度，“在这个历史阶段中，党确定的指导方针和基本政策是正确的”②。

再次，从1958年夏秋开始，中国共产党对农业合作化的认识出现了偏颇乃至失误，并发动了人民公社化运动。1978年改革开放前，虽然中国共产党对人民公社化运动的失误有所觉察，并对人民公社组织制度进行了一定限度的纠正，例如，1962年以后，我国农村普遍建立了“三级所有，队为基础”的经营制度，这在一定程度上克服了人民公社的负面影响。但是，从总体上看，从1958年夏秋到1978年改革开放前，在这一时期，党关于农业合作化的认识出现了偏颇和失误。体现在多个方面，最为主要的在于：

社会主义改造完成后，中国共产党为社会主义改造的成功所激励，重视农业合作化，并将其作为我国实现农业集体化、现代化的重要途径，重视农业合作社的发展。但是，自1958年夏秋之后，在社会主义建设时期，中国共产党将这一认识过于放大，从而使农业合作化走向异化，就农业合作化的组织形式变化而言，高级农业生产合作社演化成为人民公社。在人民公社化时期，中国共产党对农业合作化的认识出现严重失误：

人民公社体现的是农业生产的“一大二公”，政社合一是其主要特点，它既不是合作经济组织，也不是行政及社会管理组织，而是综合了

① 《农业集体化重要文件汇编（1958—1981）》（下），中共中央党校出版社1981年版，第1107页。

② 《农业集体化重要文件汇编（1958—1981）》（下），中共中央党校出版社1981年版，第1106页。

经济、行政、社会管理多种功能的“复合型”组织，这使人民公社赋有经济、行政和社会管理等多种职能。人民公社是党对农业合作社功能过度放大的结果，以至于使它覆盖了农村其他经济社会组织，从而使农村组织机构扭曲化。

当时，人民公社被认为是国家工业化目标得以实现的农村组织载体。“一方面，合作社经济要服从国家统一经济计划的领导，同时在不违背国家的统一计划和政策法令下保持自己一定的灵活性和独立性；另一方面，参加合作社的各个家庭，除了自留地和其他一部分个体经营的经济可以由自己作出适当的计划以外，都要服从合作社或者生产队的总计划。”① 由此，人民公社作为组织，被过于手段化、策略化。

人民公社空想色彩浓重，组织军事化、行动战斗化、生活集体化、公共食堂等都在人民公社运作中体现出来。“人民公社是农民小生产者对未来社会的一种美好幻想，它违反客观经济发展的需要”。② 人民公社不仅带有超社会发展阶段的空想性，而且在分配领域具有浓厚的平均主义色彩。

总之，人民公社体现了中国共产党对农业合作化认识上的偏颇，反映出中国共产党对农业合作化认识上的曲折。但是，还应该承认，在人民公社时期，中国共产党和政府对其进行了有限的调整，在农村实行了“三级所有，队为基础”的经营制度。但从总体上看，人民公社组织制度违反了经济社会发展规律。

第四，改革开放后，中国共产党对农业合作化有了新的认识。一方面，随着实事求是思想路线在全党的重新确立以及党的正确组织路线和政治路线的重新确立，中国共产党对农业合作化的认识也逐步回归客观，并形成了新时期党对农业合作化的思想认识；另一方面，在实践中

---

① 《毛泽东文集》第七卷，人民出版社 1999 年版，第 221 页。

② 王贵宸：《中国农村合作经济史》，山西经济出版社 2006 年版，第 341 页。

发育并形成的新型农民合作经济组织，要求中国共产党对其做出客观正确的认识和回答，以促进其健康科学发展。

改革开放以来，中国共产党对农业合作化的新认识主要有：

首先，重视在新的历史条件下的农业合作化的发展，并主要体现在对新型农民合作经济组织的重视及支持上。改革开放后，农村实行家庭承包经营制度，后来发展成为统分结合的双层经营制度，农户成为农业生产经营的基本组织单位。与此同时，中国共产党不放松农业的互助合作。邓小平指出："从长远的观点看，科学技术发展了，管理能力增强了"，"农村经济最终还是要实现集体化和集约化。""仅靠双手劳动，仅是一家一户的耕作，不向集体化集约化经济发展，农业现代化的实现是不可能的。就是过一百年二百年，最终还是要走这条路。"① 江泽民指出："本着互助互利的原则"，"办好农村合作基金会"②，发展多种形式的农业合作经济组织，"以农民的劳动联合和农民的资本联合为主的集体经济，更应鼓励发展。"③ 中共十七大指出："探索集体经济有效实现形式，发展农民专业合作组织"④，中共十七届三中全会强调，"扶持农民专业合作社加快发展，使之成为引领农民参与国内外市场竞争的现代农业经营组织"⑤，从而阐明了发展农业合作经济组织的重要性。

其次，在党的重要文献及《农民专业合作社法》中，明确了农民专业合作社的属性，它是在坚持农村家庭经营为基础和统分结合双层经营基础上的以及在社会主义市场经济和经济全球化背景下的农业互助合

① 《邓小平年谱 1975—1997》（下），中央文献出版社 2004 年版，第 1350 页。

② 《中共十三届四中全会以来历次全国代表大会中央全会重要文献选编》，中央文献出版社 2002 年版，第 124 页。

③ 《中共十三届四中全会以来历次全国代表大会中央全会重要文献选编》，中央文献出版社 2002 年版，第 531 页。

④ 《十七大以来重要文献选编》（上），中央文献出版社 2009 年版，第 18 页。

⑤ 《十七大以来重要文献选编》（上），中央文献出版社 2009 年版，第 674 页。

作经济组织。

再次，要适应实践的需要，变通农业合作经济组织形式。在新民主主义革命的20多年里，农业合作的组织形式一直在变化，新中国成立后的农业合作经济组织形式演进也从来都没有停止。历史表明：发展形式多样的农业合作经济组织，是实践的需要，是农业发展的应然要求。

总之，农业合作化要服从服务于革命、建设和改革的大局。在新民主主义革命时期，农业合作化要服务于农民，满足农民的生产生活需要，但从根本上，农业合作化要服从和服务于革命的需要。新中国成立初期，农业合作化是对个体农业进行社会主义改造，农业合作化从根本上适应当时社会主义改造的需要。在人民公社时期，人民公社是当时国家工业化战略的组织载体。今天，各种形式的新型农民合作经济组织的发育发展，是农业产业化、农业现代化发展以及农业组织发展演进的结果。回视历史，农业合作化始终服从服务于革命、建设和改革的大局，成为中国共产党战略格局中的一个策略选择。在新民主主义革命时期和建国初期（特指1949年10月至1958年夏秋。——作者注），中国共产党关于农业合作化的认识较为客观，从1958年夏秋到改革开放前这一时期中国共产党关于农业合作化认识上的偏颇较大，改革开放后相关认识逐步回归客观。

第二节　西方合作运动的基本经验及主要思想流派述要

我国农业合作社的发育发展，始终与世界合作运动联系在一起，并受其影响。研究当前我国农民专业合作社的科学发展及其作为社会主义新农村建设载体这一问题，应借鉴西方农业合作的实践经验和理论。“但是，必须从整个西方合作运动及合作运动的全部历史进程的角度来剖析西方的农业合作；同时，不能囿于经济上的含义，而应从理论体系、哲学思想着手，避免机械地搬用和以偏概全。”①

一、西方合作运动及其基本经验

合作与协作是人类与生俱来的，人是社会的人，人的社会属性决定了人与人应然的联系，即人与人的合作或协作。人类原初阶段的氏族公社，本身是一个内含合作与协作的组织。但是，近代意义上的各种形式的合作社是资本主义社会化大生产及市场经济的产物。欧洲是资本主义的发源地，资本主义制度最早确立于欧洲，合作社也最早产生于欧洲。当今世界，无论是什么样社会制度的国家，也无论是什么样发展水平的国家，在农业农村都广泛地存在着各种形式的合作社，农业合作社已是一个世界性的概念和现象。在此，主要介绍西方合作运动，旨在给予当今中国农民专业合作社的科学发展以启迪。

西方合作事业能够称之为运动，显然具有广泛的参与性特点。“西方合作运动是在合作思想的宣传、参与下（后来又在政府的支持下），主要由劳动群众为维护自己的利益而行动起来举办合作经济组织，并日渐发展时，人们称之为合作运动。”②之所以形成西方合作运动，主要在于资本主义制度环境。虽然“资产阶级在它的不到一百年的阶级统治中所创造的生产力，比过去一切世代创造的全部生产力还要多，还要大”③，但是，“劳动为富人生产了奇迹般的东西，但是为工人生产了赤贫。劳动生产了宫殿，但是给工人生产了棚舍。劳动生产了美，但是使工人变成畸形。劳动用机器代替了手工劳动，但是使一部分工人回到野蛮的劳动，并使另一部分工人变成机器。劳动生产了智慧，但是给工人生产了愚钝和痴呆。”④为此，资本主义国家工人运动迭起，工人运动使

① 张晓山：《西方合作运动浅析》，《农村经济与社会》1988 年第 3 期。

② 王贵宸：《中国农村合作经济史》，山西经济出版社 2006 年版，第 94 页。

③ 《马克思恩格斯选集》第 1 卷，人民出版社 1995 年版，第 277 页。

④ 《马克思恩格斯全集》第 3 卷，人民出版社 2002 年版，第 269—270 页。

资本家做出不同程度的让步，工人利益得到一定维护，但从总体上看，各国工人运动没有取得实质性的成功。于是一些国家的工人阶级开始将目光转向经济斗争，组织合作社，这是工人阶级开展经济斗争的一种选择。世界上第一个成功的合作社是诞生于英国罗虚代尔的公平先锋社，它成立于 1844 年 8 月，公平先锋社制定了相关原则：一是，社员表决权不因出资多少而有差异，要一律平等，实行一人一票制。二是，对于政治和宗教，要保持中立态度。三是，合作社盈余按社员向合作社购买额多寡分配。四是，从合作社盈余中提取社员教育费用。五是，按照市场价格出售货物。六是，实行现金交易，不赊购赊销。七是，遵守公平交易、保质保量的标准。罗虚代尔公平先锋社制定的这些原则最终作为各类合作社的准则。由于罗虚代尔公平先锋社有一整套原则规定，使其不断发展，至今仍存。罗虚代尔公平先锋社以其成功的实践成为世界合作社的效仿典范，并“开西方合作运动中改良主义之先河”[①]，掀起了西方合作运动的热潮。

第一，这里主要介绍西方几个主要国家合作社发展状况。首先，英国合作运动的具体情况。19 世纪三四十年代，英国工人阶级进行了声势浩大的宪章运动，以争取普选权，改善自身的地位，这是英国工人阶级独立的政治运动，但最终遭到统治者的镇压而失败。之后，英国工人阶级主要从事改善自身经济地位的经济斗争。在这一历史条件下，产生了罗虚代尔公平先锋社，随即公平先锋社迅速发展，1863 年发展扩大为北英批发合作社，1873 年改为英国批发合作社，这个合作社设立了 150 个制造日用品的工厂，有 2.7 万个员工，1977 年的股金已有 3700 多万英镑，销货总额近 14 亿多英镑。[②] 与此同时，英国各地相继成立信用合作社、农产品加工合作社、消费合作社等。

① 张晓山：《西方合作运动浅析》，《农村经济与社会》1988 年第 3 期。

② 转引自王贵宸：《中国农村合作经济史》，山西经济出版社 2006 年版，第 95 页。

总之，英国的合作运动最初是由民间自发组织发展起来的，受公平先锋社原则规定的影响，英国的合作运动最初与政府保持中立。但是，随着1852年英国制定《产业合作结社法》后，合作社的发展得到政府的关注和一定支持，合作社也因此得到迅速的发展。应该说，英国的合作运动首先是在工业及工人中得到发展壮大，然后再向农业农民中延伸的。

其次，德国合作运动的具体情况。德国的工业革命晚于英国，也晚于法国，19世纪40年代，当德国开始工业革命时，世界市场基本上已被瓜分完毕，加之德国工业革命前农业就较落后，工业革命后，农业不堪重负。在工业化面前，农民的小规模家庭经营面临资金不足、高农业税收等问题。为了避免家庭经营的破产，德国农民只好寻求经济上组织起来的途径，以改善境遇，这样就组织了德国农业合作社。在德国农业合作运动中，较为典型的是为农业服务的信贷合作社以及农业生产用品供给合作社。最初，德国的F. W. 莱费森和W. 哈斯推动了德国农业合作运动，F. W. 莱费森是农业信贷合作社的创始人，W. 哈斯是农业生产用品供给合作社的创始人。F. W. 莱费森乐于慈善事业，1849年他捐款6000法郎，创办了慈善友爱型的农业合作社，购买农业生产用品，并以低价卖给农民，但因不计成本，该合作社最终无法生存而解散。1862年F. W. 莱费森创办信贷合作社，并获得成功，1872年成立了联合社，它对德国农业合作社的影响较大。进入20世纪，德国农业合作社迅速发展，1905年德国有1.3万多个农村信用合作社，社员达到百万。1976年德国参加各种农业合作社的社员达到430万人。

总的来说，德国农业合作社的发展是从信贷合作开始的，之后向生产资料的购置、营销以及设备的利用方向发展。

再次，法国合作运动的具体情况。法国直到1825年才兴起产业革命，比英国晚了40多年，法国的小生产问题严重，“小农人数众多，他们的生活条件相同，但是彼此间并没有发生多种多样的关系。他们的生产方式不是使他们互相交往，而是使他们互相隔离。”[①] 法国工业革命致使大量的农业手工业受到严重冲击，而广大农民为了避免商人和高利贷者的盘剥，也需要生产互助合作。法国曾造就了著名的空想社会主义者傅立叶，他的合作思想对法国合作运动有一定的影响，由于傅立叶倾向于生产合作，因此法国的合作运动主要体现在工农业生产方面。就工业生产合作社而言，1831 年法国诞生了木工生产合作社，1834 年珠宝商镀金联合社组建起来，法国工业生产合作社也发展起来，由于政府政策的支持力度不够，许多工业生产合作社解散。到 19 世纪 80 年代，法国政府通过政策和法律，支持工业生产合作社，以振兴合作运动。

第二次世界大战以后，法国的工业生产合作社有所发展，但规模和社员数量仍不乐观。就农业生产而言，只有到 20 世纪 60 年代后，农民才将土地入社取得租金，进行统一经营，产生农业生产合作社。1975 年底，法国有 6000 多个农业生产合作社，20 世纪 80 年代中后期，法国大约有 2 万个农业生产合作社。[②] 进入 21 世纪，法国产生了为农业服务的各种合作社，诸如全国性的农业合作社总同盟、全国农业谷物合作社联盟、农业信贷合作社等。

第二，从现代西方合作运动尤其是农业合作运动得出其主要经验。从西方几个主要资本主义国家合作运动的发展情况，可以总结出几条主要经验：

首先，凡是合作运动得到发展的国家，无不有政府的关注与支持。在历史上，法国拿破仑三世政变后，实行取消政府对合作社的补贴政策，随即合作运动走向低潮。德国为使本国工业具有与他国相同的竞争力，加大征收农业税，以补贴工业，从而使农业合作社发展艰难。英国自 1952 年颁布有利于合作社发展的《产业合作结社法》后，合作社得

---

① 《马克思恩格斯选集》第 1 卷，人民出版社 1995 年版，第 677 页。

② 王贵宸：《中国农村合作经济史》，山西经济出版社 2006 年版，第 96 页。

以迅速发展。所以，合作社的发展与政府的政策及法律密切相关。

其次，合作运动始于资本主义国家，并从较发达的资本主义国家向发展中国家发展。

再次，合作社涉及的领域广泛，包括消费、信用、供销、服务等，但就发展历程看，大多从消费合作社起步，逐步向其他领域发展，同时各国的特点有所不同，英国以消费合作为主，法国以生产合作为主，德国则以信贷合作为主。

其四，合作社是农业产业化、一体化经营的理想载体。在农业产业化趋势、一体化经营条件下，合作社作为互助性合作经济组织，能够为农民服务，满足农民生产销售的需要，维护农民的利益，从而成为农业产业化、一体化经营的理想载体。

其五，合作社自身的治理很重要，公平先锋社因其科学合理的原则及制度而长久不衰，F. W. 莱费森的慈善友爱型的农业合作社因不计成本而最终解散。由此可见，自愿、互利、民主等是合作社应有的原则和精神。

二、西方合作社理论的主要思想流派简析

从严格意义上讲，马克思、恩格斯、列宁关于农业合作化的理论论述，来自西方，属于西方合作社理论的一个思想流派，本书已将他们的论述单独在上面章节中加以阐述。这里主要介绍不同于马克思、恩格斯、列宁的农业合作化思想的其他西方合作社理论流派。如果按照合作社理论产生的地域划分，可以将西方合作社理论划分为欧洲学派和北美学派。如果按照合作社理论所阐述的基本观点，尤其是合作社发展的最终目的，可以将西方合作社理论划分为改革派和进化派。

第一，改革派对现存资本主义持批判态度，将合作社的发展视为对资本主义经济体系的改造。在改革派看来，发展合作社，旨在化解和消除生产者与消费者、劳动者与经营者的利益对立，最终以一种新的制

度取代现存资本主义制度。思想内容及学术观点属于改革派的主要有以下两个：

首先，社会主义学派的合作社理论观点。关于合作社理论，社会主义学派自身也存在差异，有空想社会主义学派、基督教社会主义学派、国家社会主义学派等不同的思想观点。

空想社会主义的代表人是英国的罗伯特·欧文、法国的昂立·圣西门和沙尔·傅立叶，他们分别对合作社做了较为详细的阐述。欧文一生为社会主义理想而努力，并开创合作运动之先河，可谓合作社之父。欧文难能可贵之处在于：他作为工厂主深刻地认识到，资本主义存在严重的矛盾，认识到工厂的利润来自于对工人的剥削。所以，欧文主张建立全新的社会，他设想未来社会应该是劳动公社或合作社联合体，它不同于资本主义工厂和农场。劳动公社或合作社联合体建立在生产资料公有制基础上，否定资本主义私有制度。同时，欧文还将其理想方案在美国付诸实践，建立起"新和谐"共产主义移民区，进行试验，终因其思想的空想性而宣告失败。从 1839 年至 1845 年，欧文又组建了"和谐大厦"，最终也以失败告终。圣西门的理想社会制度是"实业制度"，在这一制度下，人人参加劳动，世俗权力交给实业家，精神权力交给学者。与欧文不同，圣西门主张保存私有制，因此他的合作社思想充满矛盾。傅立叶提出的理想社会制度是"和谐制度"，其基层组织是"法郎吉"。法郎吉由 1600 到 2000 个劳动力组成，在法郎吉中，人人参加劳动，劳动已不再是谋生的手段，而是每个人的自然需要，同时法郎吉的全部财产收入平均分配给成员。傅立叶的"和谐"主张具有一定进步意义，对合作运动也具有一定影响。但是，其空想性注定其方案无法实现。

基督教社会主义学派旨在将合作社思想与基督教思想联结起来，基督教社会主义学派深受空想社会主义思想的影响，其代表人物威廉·金曾受欧文合作社思想影响较大，并与欧文一样，大力宣传和践行合作社思想，他曾创办《合作社人》杂志、合作社商店、木工和金匠生产合作社，影响较大。与欧文不同，威廉·金将基督教的友爱精神融入到其合作社思想及实践中。另一位代表人物菲利普·毕舍是法国基督教社会主义者，曾参加过圣西门的社会活动，并深受圣西门合作社思想的影响。菲利普·毕舍依据基督教的情爱观，主张集团生活是人类生活的本质状态，合作生活是人类理想的生存状态。在实际中，菲利普·毕舍非常重视合作基金对人类合作生活的作用。

此外，还有国家社会主义学派，这一学派对合作社的认识有突出的特点，即强调合作社事业的国家支持。国家社会主义学派的代表人物路易·布朗认为，虽然劳动群众有合作的需要、行动和能力，但他们缺少物质财力基础，因此，合作社事业的发展必须有政府的支持。在国家社会主义学派看来，合作社在政府的支持下组建起来，然后由劳动者自己管理，共同从事生产。

其次，合作社共和国学派。这一学派主张发展多领域的合作社，建立合作社共和国，以消除资本主义的对立和矛盾，即建立和发展消费合作社、生产合作社和农业合作社，实现对商业部门、工业生产领域和农业生产领域的控制。曾在 20 世纪初任法国合作社联合社中央委员会会长的查理·季特，从他的思想倾向看，应划归为合作社共和国学派。

第二，进化派对资本主义持肯定态度，将合作及其经济形式视为资本主义体系的一部分。按照对合作社所持的基本观点，尤其是合作社发展的最终目的，与改革派对现存资本主义持批判态度不同，进化派则认为，合作经济是资本主义自身进化发展的结果，合作及其经济形式是资本主义体系的一部分。进化派强调，“如果我们不把自己看作是资本主义自由企业体系的一部分，那我们又是什么呢？”[①] 思想内容及学术观点属于进化派的主要有以下三个：

---

① 转引自张晓山：《西方合作运动浅析》，《农村经济与社会》1988 年第 3 期。

首先，加利福尼亚学派。加利福尼亚学派的代表人物是艾伦·萨皮罗，他是美国加利福尼亚州的一名律师，他在20世纪20年代美国农业的萧条时期，提出振兴美国农业的计划，这一计划以发展合作社为途径。其合作社思想主要关注农业领域的合作，主要观点在于：一是，发展专业合作社，形成合作社的竞争力，提升农场主的谈判地位。艾伦·萨皮罗认为，合作社只有经营单一的或者几种有竞争力的农产品，才能形成对某种农产品的合法垄断。二是，合作社是资本主义企业经营活动的一种形式，主要成员是农场主或者专业农户。三是，在合作社运作上，实行合作社与社员签订长期合同制度，以利于合作社合法垄断的实现。同时，雇佣专家从事经营管理。四是，遵循罗虚代尔公平先锋社的一人一票的民主原则。艾伦·萨皮罗的合作社思想对当时美国乃至今天美国和加拿大合作社事业的发展，产生了一定影响。

其次，竞争尺度学派。这一学派也来自美国，代表人物是艾德温·诺斯。艾德温·诺斯与艾伦·萨皮罗都承认，合作社是资本主义企业体系的一部分，但艾伦·萨皮罗强调，发展合作社，使之成为资本主义企业活动合法垄断形式，而艾德温·诺斯则强调合作社的社会功能，他认为，合作社是资本主义经济生活中的配角，从而与艾伦·萨皮罗的合作社观点形成鲜明对照。艾德温·诺斯注重从经济伦理学和制度经济学均衡理论的角度来研究合作社，他看到了资本主义竞争、逐利机制对社会正义和公平分配的影响，试图通过合作企业的发展，对资本主义企业的逐利倾向形成约束，矫正资本主义经济制度，从而达到经济的均衡。所以，在艾德温·诺斯看来，合作社经济不能在资本主义经济中起支配作用，它只能起到辅助作用。合作社是抑制资本主义不足的手段，是衡量资本主义体系功效的尺度。

第三，西方有关合作社主要思想流派述评。这里概述了西方有关合作社主要思想流派的基本观点，目的在于诠释有关合作社主要思想流派的合理思想内容及其局限性，从西方有关合作社主要思想流派中获得启示，以观照我国农民专业合作社的科学发展。

首先，作为西方有关合作社的主要思想流派，无论是对资本主义持批判改造的态度，还是对资本主义持维序肯定的态度，改革派和进化派都承认合作社的作用。改革派认为，合作社具有消除资本主义竞争对立的作用，合作社对社会公平正义具有积极作用。改革派中的空想社会主义者，注重将合作社制度发展成为一种美好的社会制度。改革派中合作社共和国学派试图以合作社组织控制整个国家的商业、工业和农业部门。在改革派中，空想社会主义学派更倾向于财产的公有。其他学派则不否定资本主义的财产私有制度。进化派虽然也看到资本主义的矛盾与不足，但他们对资本主义从来不予以批判和否定，他们认为，合作社的发展在于弥补资本主义的不足，合作社是资本主义体系的一部分。

除了空想社会主义学派外，西方主要思想流派所论及的合作社，是资本主义条件下的合作社。同时，在实践中，即使是空想社会主义学派的合作社实验，也无一是离开资本主义条件的合作社实验。在西方有关合作社主要思想流派中，合作社被视为美好的组织制度、实现目的的策略手段、提升竞争力的企业等。各个思想流派对合作社认识的差异性较大，发展合作社的思路也不同。但是，发展合作社这一基本观点是值得肯定的。

其次，西方有关合作社主要思想流派关于合作社的基本阐述存在一定的局限，这是今天我国农民专业合作社科学发展所必须注意的：一是，合作社目的上的局限。发展合作社为了什么，应该有几个层面，最基本的是维护社员的利益，然后才有其他社会功能及价值。诸如持合作社为资本主义体系中一部分，将合作社作为资本主义企业的进化派，视合作社为增进农场主或农业专业户利益的经济组织，他们所观照的不是大多数农民的利益，这一点尤其是我国农民专业合作社发展所必须注意，并应避免出现的。二是，西方主要思想流派对于如何发展合作社，严重脱离客观实际，致使合作社的发展缺少现实基础。例如，空想社会主义学派和基督教社会主义学派虽然对资本主义持批判态度，但其论述严重脱离实际，实践中的合作社实验也屡遭失败。这一点也是我国农民专业合作社发展所必需注意的。促进农民专业合作社的科学发展，必须从客观实际出发，并在具体的实际中引导其健康科学地发展。

第二章　农民专业合作社的产生发展及其属性原则

1978 年改革开放以来，我国农村组织形式发生了深刻变化，其中不同形式的农村经济社会组织纷纷涌现。农民专业合作社作为新的历史条件下的农村互助合作经济组织，产生于 20 世纪末，这一组织自其产生以来，发展迅速。目前，农民专业合作社已成为社会主义新农村建设的重要载体。如何促进农民专业合作社的科学发展，使其有效发挥在社会主义新农村建设中的重要作用，为此，有必要深入探究农民专业合作社的相关问题。对此首先需要追问相关概念的内涵、农民专业合作社的产生及其性质，以使农民专业合作社的发展始终不偏离其自身属性。

第一节　农民及农民专业合作社的内涵

没有对概念的真切把握，很难有对所研究问题的透彻认识。与中国农民专业合作社的科学发展问题相关的概念较多，其中最为重要的是农民、组织、合作社等。

一、农民的释义

农民作为从事农业生产的劳动者，穿越了悠久的历史。可以说，农民是历史性概念，是现实性的概念，是常见常闻的概念，是一个关乎中国特色农业现代化的概念，更是与中国特色社会主义事业发展密切联系的概念。真切地认识、理解和把握农民这一概念，是完成本书的基础性工作。

首先，我国文化典籍中对农民的释义。追问农民的含义，首先要回到我国历史文化典籍中，寻找对这一概念的经典阐释。较早出现“农民”一词的典籍是在《礼记·月令》和《吕氏春秋》中。《礼记·月令》里有“农民毋有所使”的语句；《吕氏春秋》有“古圣之重农民”的表述。《道德经》里有“是以圣人处上而民不重”之句。《康熙字典》中有：“耕也种也”为农，“其庶人力于农穑”，“种曰农敛曰穑”。在中国历史文化典籍中，“农”主要是个职业概念，从古汉语的角度，“农”蕴涵着耕者职业身份低下的意思。另外，在中国历史文化典籍中，“民”是与统治者相对的概念，“民”是表达人的身份的概念，与统治者相比，“民”的身份低下。在中国长期的历史发展中，由于“民”中“农民”居多，因此有时“民”被泛用为农民。

今天，人们从不同的角度定义农民。根据《现代汉语词典》，农民是“在农村从事农业生产的劳动者”。根据我国《辞海》，农民是“直接从事农业生产的劳动者”。根据《经济学大辞典（农业经济卷）》，农民是个人或集体占有或部分占有生产资料，以从事农业劳动为主的人。

农民一词的英文表达是 peasant（总称 peasantry），《简明不列颠百科全书》对 peasantry 的解释是：“小规模农业生产者的一种亚文化群。小农与其他农业生产者不同之点就在于要受外部权势的支配。虽然有些作家在给‘小农’一词下定义时强调诸如自给自足或小规模生产等特征，但这种溶合于较大社会的情况，却通常被认为是确定小农阶级的准则。在小农社会，生产资料的最终支配权，通常不是掌握在主要生产者手里。农产品及劳务不是由生产者直接交换，而是供给一些中心，重新分配。剩余的东西要转移到统治者和其他非农业者手里。……这种权力往往集中于一个城市中心尽管并非永远如此。”[①] 从相关文献对农民的解释可知：“农民是与农业联系的人，农民和非农民的根本界限在于他们所从事的职业不同。无论过去、现在和将来，农民都是以农业生产对象为劳动对象，直接从事农业生产的人。”[②]

其次，传统意义上农民的定义。一般而言，传统意义上的农民是指农耕文明背景下的农民，他们或拥有小块土地，或没有土地。具体而言，传统意义上的农民是以自给自足的自然经济为基础，在较为分散、落后、封闭（相对于现代）的生产方式下从事农业生产活动的劳动者。正如马克思、恩格斯所说：“一小块土地，一个农民和一个家庭；旁边是另一小块土地，另一个农民和另一个家庭。一批这样的单位就形成一个村子；一批这样的村子就形成一个省。这样，法国国民的广大群众，便是由一些同名数简单相加形成的，好像一袋马铃薯是由袋中的一个个马铃薯所集成的那样。数百万家庭的经济生活条件使他们的生活方式、利益和教育程度与其他阶级的生活方式、利益和教育程度各不相同并互相敌对，就这一点而言，他们是一个阶级。而各个小农彼此之间只存在地域的联系，他们利益的同一性并不使他们彼此间形成共同关系，形成全国性的联系，形成政治组织，就这一点而言，他们又不是一个阶级。”[③] 这是马克思对传统农民的生动描述。

通过文献分析，不难看出，传统意义上的农民具有以下主要特征：一是，在自给自足的自然经济条件下，由于他们不占有土地这一基本生产资料，因此他们被束缚在土地上，从事农业生产，具有人身依附性。二是，由于农业生产力以及经济组织形式等因素的限制，他们从事孤立、分散的个体经营，可谓“小农”。三是，在心理、文化、生产生活方面，传统意义上的农民缺少个性。

---

① 《简明不列颠百科全书》第 8 卷，中国大百科全书出版社 1986 年版，第 586 页。

② 马桂萍：《中国农民工市民化制度研究》，辽宁师范大学出版社 2010 年版，第 7 页。

③ 《马克思恩格斯选集》第 1 卷，人民出版社 1995 年版，第 677 页。

再次，当代中国农民的解说。自1949年新中国成立至今，中国农民经历了因新民主主义革命胜利而获得土地的个体农民、社会主义改造后在社会主义条件下的农民、改革开放后迈向现代化的新型农民等发展阶段。今天，中国仍未完成工业化，换言之，中国依然是一个农业国，农民人口仍较多。理解当代中国农民，更重要的在于认识改革开放后的中国农民。

改革开放后的中国农民在进一步分层，有资料显示：专门从事农业生产的农业劳动者1989年占农村总人口的55%—57%左右，1999年占农村总人口的46%—50%，此外农村中还有农民工、雇工、农村知识分子、个体劳动者、私营企业主、乡镇企业管理者、农村管理者，等等。① 可见，中国农村人口分层加速，中国农民正处于千载不遇的分化、转变时期。

改革开放后的中国农民是与中国特色社会主义的发展，与中国的工业化、农业农村现代化、城镇化相联系的，他们必将从思想观念、生活方式、生产方式等方面走向现代化。

改革开放后的中国农民是市场取向改革及社会主义市场经济条件下中国农业农村经济社会发展的主体，是党和政府农村政策作用的对象，是农业农村制度创新的主体。

总之，"改革开放以来，随着社会主义市场经济的发展，中国农民已不再是传统意义上的农民。'农民'一词按照社会主义市场经济发展所赋予的特定内容，应该是具备民事行为能力，享有民事权利的主体，在农村统分结合的双层经营体制下，独立从事农业生产经营的社会主义新型农民。"②

---

①　陆学艺：《当代中国社会阶层研究报告》，社会科学文献出版社2002年版，第178页。

②　马桂萍：《中国农民工市民化制度研究》，辽宁师范大学出版社2010年版，第7页。

二、农民专业合作社的内涵

农民专业合作社属于经济组织，解析农民专业合作社的内涵，要对组织这一概念进行梳理。组织与制度密切联系，不可分割，所有的组织都有制度性安排，如果没有制度，组织则无以组建和发展。同时，制度又是以组织为载体，制度存在于某一具体的经济政治组织中，存在于社会组织系统中。但是，组织不同于制度。

就组织而言，它有多重含义：一是，安排分散的人或事物，使之具有系统性和整体性，是组织。二是，物质的结构或组成部分，称为组织，例如，纺织品经纬纱线的结构以及生命体器官是组织，再如，按照一定的目标和系统建立起来的政治组织、经济组织等，也是组织。三是，组织是人们为特定的目标、任务，以不同的方式组建起来的，是特定的目标、特定的人际关系以及两个以上的人构成的集合，是人类合作的一种特殊形式。从一般意义上说，组织是社会的基本单元。具有共同目标的人，总是以不同的形式，聚合在组织中。人们通过组织的运作，实现个人行动所无法达到的目标，众多组织构成社会，组织是人类社会存在的方式。没有组织，便没有社会。人类最初在生产生活中，组织了氏族公社组织，后来组织了国家。在一个国家之内，又纵横交织着赋有各种功能的组织。

从本质上看，组织是人们相互协作而构成的体系，它是基于人们的共同目的或意愿组建的，组织成员有共同的目标，或者是有协作的意愿，而且组建组织的人们有相互的信息沟通。所以，“组织的本质是一个相互协作的体系。”① 作为相互协作的组织，因其目标任务不同、活动内容不同，划分为多种类型，如经济组织、社会组织、政治组织，其具体功能有所不同。同时，组织具有资源的输入、输出、凝聚、社会整合、管理、服务、激励等功能。

---

① 张建东、陆江兵：《公共组织学》，高等教育出版社 2003 年版，第 4 页。

解析农民专业合作社，还要分析合作社的含义。自人类有史以来，合作或者说与合作相近的协作就以不同的方式存在着，合作或协作是人类生存和发展的需要，人们在生产生活中形成的各种社会关系所体现的是人与人的合作或协作，是合作或协作使人们共同生产生活成为可能，“共同活动方式本身即是‘生产力’。”①自古至今，合作或协作存在于不同的社会领域，以不同的方式，或者通过不同的组织制度体现出来，合作社是一个国际性概念和现象，例如，就农业合作社而言，当今世界上许多国家都存在着这种农业经济组织，并在农业经济及社会发展中发挥重要作用。那么，究竟什么是合作社，由于各国国情不同，经济社会制度、体制法规等的不同使各国合作社的类型、管理有一定的差别，因此各国给出的合作社定义也不完全一致。

合作社是一个历史概念和现象。互助合作是合作社的精髓、目的、要求和归宿，它“不是一个居于国家和私人的中间地带，而是一个集体和个体力量相互交融的场所，集合了国家与社会的各种要素，在其中公与私、国家与社会以包容的而不是排他的方式组合”②。“合作社是近代资本主义经济体制下的产物，是一种基于生产要素的组合而不是特定的所有制形式。”③迄今为止，合作社已经在世界上存续了170多年，合作社产生于资本主义条件下，更确切地说，合作社是商品经济、市场经济高度发展的产物。世界各国的合作社实践汇集成国际合作社运动，在国际合作社运动中，形成了评判一个组织是否是合作社组织的基本原则和标准。合作社不同于其他经济社会组织，有其质的规定性。国际合作社联盟第31届代表大会提出，合作社具有自主、民主、公平、平等和团

① 《马克思恩格斯选集》第1卷，人民出版社1995年版，第80页。

② 李姿姿：《中国农民专业合作组织研究：基于国家与社会关系的视角》，中央编译出版社2011年版，第7页。

③ 李姿姿：《中国农民专业合作组织研究：基于国家与社会关系的视角》，中央编译出版社2011年版，第2页。

结的价值观理念，而合作社的成员则应具有诚信、公开性、社会责任感以及关心他人的伦理价值。合作社基本原则涉及的核心问题是所有权、控制权和受益权。

《国际合作社联盟章程》对合作社有明确的界定，“合作社是一些人为了满足自身在经济、社会和文化等方面的共同需求，而由这些人自愿组成的通过财产共有和民主管理的企业而实现的自治的协会。”[①]所以，合作社是企业，因而是经济组织；同时作为经济组织，合作社是经济上处于弱势地位的人们组建的互助性合作经济组织，合作社不以营利为主要目的，服务则是其主要目的，因此合作社是特殊性企业，是具有社团性质的企业，合作社是经济组织和社会组织的结合体。就其组建及管理而言，合作社是民主的团体、自立的团体、区域或行业性的自由人团体；作为企业，它不同于股份公司；作为团体组织，它不同于其他社会团体及社会组织，而是现代特殊企业。“合作社建立在自助、自主、民主、平等、公平和团结的基础上。遵循合作社的创立人的传统，合作社成员坚持诚实、开放、关心社会，照顾他人的道德价值观。”[②]由此可知，合作社不同于股份公司，二者的主要区别在于：一是，组织的目标不同。合作社以社员受益为目的，在组织内部贯彻自由、平等的理念，并提供相关人员的就业机会；股份公司则以追求利润为目的，提供一般人的就业机会。二是，组织的运营不一致。合作社的社员基本上是在一定区域内的，社员的出资券不上市，实行一人一票原则，社员大会决定合作社的运营方针和策略；企业或公司的股票可以上市，股东不受地域限制，实行一股一票原则，大股东决定企业或公司的经营方针和策略。三是，组织的资产业态不同。合作社以社员出资为主，所有者和利用者

---

① 中华全国供销合作总社国际合作部：《国际合作社联盟》，中国社会出版社 2009 年版，第 137 页。

② 中华全国供销合作总社国际合作部：《国际合作社联盟》，中国社会出版社 2009 年版，第 137 页。

同一；企业或公司是一般人的投资，或发行债务券，所有者和利用者分离。四是，分配方式不同。合作社按照社员与合作社的交易额和股金分红，同时分红率有限制；股份公司则按股分红，分红率无限制。

如上所述，农民专业合作社属于农业合作经济组织。农民专业合作社发展的基础是农户的家庭经营，其中的“专业”在于合作社的生产经营与“同类农产品或服务”关联。同时，农民专业合作社是自愿组织、民主管理的，农民专业合作社具有合作社的组织特性，“农民专业合作经济组织这一概念有较大的包容性，不仅包括农民专业合作社，还包括遵循合作社原则的其他农民专业合作经济组织。”①“民主管理和剩余按照交易额返还，这成为鉴定一个组织是否是合作社的基本标准。”②

第二节　农民专业合作社的产生及发展

农民专业合作社萌芽并产生于20世纪80年代，加快发展于21世纪初。今天，农民专业合作社遍及我国广大农村，成为农业农村发展的重要组织载体。

一、农民专业合作社产生的历史背景

农民专业合作社产生于改革开放后，不言而喻，它是与改革开放相联系的。农民专业合作社是农村经济改革和发展的产物，也是农业产业化经营的结果。1978年开始的中国改革起步于农村，发端于农业经营制度的突破与创新。随着农村经济体制改革的推进与社会主义市场经

① 农业部软科学委员会办公室：《农村基本经营制度与农业法制建设》，中国财政经济出版社2010年版，第113页。

② 李姿姿：《中国农民专业合作组织研究：基于国家与社会关系的视角》，中央编译出版社2011年版，第2页。

济的发展，农村经济环境发生了重大变化，农业生产也有了一定的发展，农民专业合作社应然而生。

第一，1978 年改革开放后，随着农业农村经济社会改革从各个方面展开，农村家庭承包经营制度的形成、人民公社组织制度的解体、农户独立经济地位的确立等极大地调动了农民的生产积极性，为农村经济社会发展创造了良好的条件。1985 年以后，随着国家逐步改革农村统购统销制度，农业及农村经济发展逐步面向市场，这是农民专业合作社产生的重要社会历史背景。农民专业合作社是新的历史条件下农民产生新的合作需求而产生的。

首先，由于农村经济社会改革带来的农业生产经营环境的新变化，致使农民在生产经营中，需要合作。众所周知，1978 年由安徽省凤阳县小岗村农民自发实行土地家庭承包经营，随即创下生产高效，很快成为各地的示范及典型，土地的家庭承包经营迅速得到推广，由此，自下而上的、内生性的农村家庭承包经营制度确立起来，这是中国经济体制改革的突破口，之后引发了城乡多维度的经济体制改革。

农村经济体制改革使农民得以自主地进行生产经营，农户成为农业农村发展最为重要的组织载体。家庭承包经营解决了农民生产经营的自主问题，克服了计划经济时期农业生产经营中的平均主义“大锅饭”问题，对调动农民的生产积极性意义较大，但农民的分散经营也带来了土地细碎化、小规模化等问题，同时农田水利建设及公共设施的自我改造等面临困境，家庭经营制约着农业的产业化、标准化、现代化。此外，任何生产都蕴涵着合作或协作，以农户为载体的农业生产也不例外，农户主要通过合作解决生产技术问题、生产资料供应问题、商品储存、运输、销售问题、生产服务问题等。在分散的家庭经营不能解决相关生产协作问题时，寻找不改变现存家庭承包经营制度前提下的新的合作途径。于是，在改革开放中，又形成了“统分结合”的双层经营制度，但“统分结合”的双层经营制度中的“统”依托于村集体。“统分结合”的双层经营制度不是农民自发的创造，在农民家庭经营的基础上，增加“统”的层面，更多是自上而下的制度安排。

“统分结合”的双层经营制度在运行中，“分”与“统”始终没有达到平衡，在“分”始终居于主导的同时，“统”的辅助不充分，即“统”的层面被“虚化”，不能很好地发挥作用。当统一经营被“虚化”，不能有效弥补农民家庭分散经营不足时，农民就寻找其他思路，于是农民专业合作社油然而生。

其次，到 20 世纪 80 年代中期，农村经济体制改革进入农产品流通体制改革阶段，同时市场取向的改革促进了农村市场经济的发展。到 20 世纪 90 年代后，我国结束了长期以来农产品供应短缺的局面，同时农业生产及农村经济发展又面临着资源和市场的双重约束。

由于改革开放后农业生产的发展，农产品供应短缺的局面逐步得到缓解及解决，因此在农产品逐步充盈的情况下，曾长期习惯于计划经济体制的农民，在市场的面前不仅不适，而且面对大市场，农民遇到农产品的出售难、市场信息不易获得等困难。农户的分散经营在农村改革及农业农村经济发展中逐步暴露出许多缺陷和问题：一是，分散的家庭经营致使农业生产规模小、专业化水平低，大型农机及现代技术难以装备农业，传统农业难以改造，农业现代化遇到困境。二是，农业产业链条难以拓展，农业产业化水平难以提高，农民难以分享农业服务业和农产品加工业的利润，农民增收途径难以拓展。三是，单个农户市场竞争力低下，市场谈判力不足，市场信息不对称，市场约束较大。四是，分散的家庭经营环境不能迅速提升农民素质，造就现代农民。分散的家庭经营的种种缺陷迫使农民寻找新的合作，这样，“新农合”就萌发了，由此产生了农民专业合作社，这一合作经济组织，在一定程度上克服了农民家庭经营的缺陷，又在一定程度上保持了家庭经营的效率。

第二，持续推进的农业农村改革及经济社会发展促使农民专业合作社产生。随着农村改革的深入及经济社会的发展，农村体制机制的创新也将推进，农民专业合作社的产生及发展就是一个表现。

首先，在农村改革进一步深入以及社会主义市场经济发展中，农村需要持续推进组织制度的创新。1978年改革开放后，城市形成了多种经济主体及经济组织形式，而农村经济组织却较为单一，普遍的经济组织是农户，原有的社区性的村集体经济组织不断萎缩，并在20世纪90年代后，向股份化方向转化，这一转化的结果是集体经济及其组织形式逐步被“虚化”。这样，发展中的农业农村经济需要从组织制度上有所创新。

其次，在改革中，广大农户如何适应千变万化的市场，是社会主义市场经济条件下农业生产经营的新问题。在市场经济条件下，农户需要掌握准确、及时、全面的市场信息，需要有一种机制使农户有效利用农业技术和服务，以较低的成本、快捷的方式实现与市场的有效对接。同时，从与其他国家的农业经营模式比较来看，在一些已实现了农业现代化的国家，有的也以农户为经营组织载体，但其农业合作事业都较发达。为此，我国在坚持农业家庭经营的前提下，需要发展农业合作事业，创新农业组织制度，并形成较为成熟的农业合作体系。

再次，农业生产和农产品的特性决定农业需要通过生产和销售等环节的合作，克服其在市场中的不利地位。相对于耐腐蚀的其他产品，大多数农产品易腐烂、难储存，农产品的特性意味着存在买方优势。农业生产又不同于其他产业，具有较强的季节性特点，因此生产资料的购买和农产品的季节性特点也较强。这样，农户对产品的销售能力和购买生产资料的能力，市场的作用是有限的。所以，有必要通过农户的合作，来解决这些问题。

第三，从生产力的角度看，农民专业合作社的创建及发展还是农业生产力尤其是农业产业化发展的结果。农业产业化是现代农业发展的趋势和标志，它“本质上要求农业与市场紧密结合”①。在现阶段，我国

① 李崇富：《李崇富选集》，中国社会科学出版社2010年版，第559页。

的农业产业化是以家庭承包经营为基础，以市场需求为导向，通过各类农业经济组织带动，将农业产前、产中、产后各个环节以利益机制连接起来的一体化生产经营，或者说“是指农业生产的协同、集中及全球化”[①]。农业生产经营的逐步协同化、技术密集化、高度专业化、规模化、市场化等都是现代农业及农业产业化的要求和体现。1978 年改革开放后，随着农业生产的发展，传统农业必将向现代农业转变，在传统农业向现代农业转变过程中，农业产业化成为农业发展的必然趋势，这一趋势成为农民专业合作社产生的产业基础。

首先，现代农业的发展及农业产业化经营要求创新农业经营组织。农业产业化经营要求农产品的生产、加工、储运、销售等环节紧密连接起来，即实现生产的一体化，这是分散农户所不能做到的。现代农业及农业产业化经营还要求农产品的生产经营“打破行业、地域和所有制界限，使生产要素在更大范围内按市场导向进行配置”[②]，以扩大生产的空间，这同样是分散农户所不能达到的。作为现代农业发展的趋势及标志，现代农业及农业产业化经营促使农业发展方式向集约化方向转变，促进农业发展，并在一定程度上改变农业的弱质特点，这同样不能只依托分散农户来实现。所以，现代农业及农业产业化的推进亟待实现农业组织制度的创新。

从农业及农村生产力发展要求来看，农民专业合作社是现代农业发展尤其是农业产业化发展的结果。农民专业合作社适应了现代农业及农业产业化发展的要求，它在不改变农民家庭经营的基础上，实现农户与加工商、分销商的对接，使农产品的制造、供货、销售联结起来。农民专业合作社促使农业生产与工业化、市场化密切连接起来，同时使农业生产呈现出贸、工、农一体化经营态势。此外，农民专业合作社还能

---

① 张学鹏、卢平：《中国农业产业化组织模式研究》，中国社会科学出版社 2011 年版，第 41 页。

② 李崇富：《李崇富选集》，中国社会科学出版社 2010 年版，第 560 页。

够推进农业生产的规模化、专业化和标准化，从而提高农业产业化经营的水平和层次。农民专业合作社的组织运行与现代农业生产经营耦合，是农村及农业生产力发展到一定阶段的产物。

其次，现代农业的发展及农业产业化经营要求进一步深化农业生产分工，形成各地的农业主导产业、特色产业。各地农民专业合作社的建立及发展都与当地的农业主导产业、特色产业密切联系。例如，辽宁南部盛产苹果、樱桃、草莓等水果，这里为促进水果种植业的发展，在苹果、樱桃、草莓的生产技术、储藏、销售环节建立起多家农民专业合作社。可以说，没有各地的农业主导产业和特色产业，就没有农民专业合作社的创建，各地的农业主导产业或者特色产业的发展是农民专业合作社产生的产业基础。

再次，现代农业的发展及农业产业化的发展要求农业生产规模化。农业现代化不可能是小规模的，农户的小规模生产经营与现代农业及农业产业化不相适应。具体地说，主要在于：规模化的农业生产能降低生产成本，产生规模效益。同时，家庭承包经营是党在农村的一项长期基本政策，发展现代农业，实现农业产业化经营，一方面，建立在稳定家庭经营的基础上，另一方面，要完善“统一经营”。这样，如果不改变农民家庭经营模式，就要探索和组建新的经济组织形式与其适应。农民专业合作社以农民的家庭经营为基础，同时还能扩大农业生产规模，连接农业生产的产前、产中与产后各个环节，从事农业生产、加工、服务、仓储、销售等活动，其自身构成一个农工商联合体。

最后，现代农业的发展以及农业产业化的发展要求引入现代农业生产要素，以促进农业发展。现代农业生产要素主要有三个：一是，关键性的现代农业生产要素即农业生产技术。二是，适合对传统农业改造的体制制度，其中包括农业组织制度。三是，新型农民的培育即农民的现代化。农民专业合作社的运营有利于现代农业生产要素的引入，这一组织的“专业性”本身要求应用现代农业生产技术，对农民进行人力资本投资，提高农民素质。

第四，拥有农民专业合作社创建发展的外部政策环境。改革开放后，对于在新的历史条件下萌生的农业领域的合作，中国共产党和历届政府始终采取鼓励和支持的政策，为农民专业合作社的发展提供了良好的政策环境。

首先，改革开放之初，虽然实行家庭承包经营制度，农村经营体制有了重大突破，但党和政府并没有将农村改革停留在家庭经营上，而是承继历史，依然关注农业合作问题。1983 年中央一号文件规定："适应商品生产的需要，发展多种多样的合作经济。……根据经济发展的需要，自然而然地毫不勉强地通过多种形式、多种层次的经济联合，可以把众多的分散的生产者联结起来，使之成为整个社会主义经济的有机组成部分"。①1985 年中共中央 1 号文件规定，"按照自愿互利原则和商品经济要求，积极发展和完善农村合作制"②。

针对农村出现的形式多样的"专业协会"、"研究会"、"农民联合购销组织"等，1986 年的中央一号文件提出，"完善合作制要从服务入手。……近几年出现了一批按产品或行业建立的服务组织，应当认真总结经验，逐步完善。"③可见，改革开放之初，党和政府对新时期的农业合作化极为关注、态度肯定，这使农民专业合作社的创建及发展有了较好的政策环境。

其次，改革开放后，党和政府不仅关注、肯定和支持新的历史条件下农民专业合作经济组织的创建及发展，而且注重对它的管理和服务，以促进农民专业合作社的发展。《中共中央、国务院关于一九九一

① 中共中央党史研究室等：《中国新时期农村的变革》（中央卷上），中共党史出版社 1998 年版，第 224—225 页。

② 中共中央党史研究室等：《中国新时期农村的变革》（中央卷上），中共党史出版社 1998 年版，第 366 页。

③ 中共中央党史研究室等：《中国新时期农村的变革》（中央卷上），中共党史出版社 1998 年版，第 404 页。

年农业和农村工作的通知》将农民专业合作社作为农业社会化服务的组织形式之一，要求“各级党委和政府，特别是县乡两级，要做好发展和健全农业社会化服务体系的组织工作，根据需要与可能，帮助、督促和引导当地各种服务组织在产前产中产后的服务中发挥各自的作用。要积极帮助合作经济组织把农民急需的服务项目搞起来”①。1993年国务院明确规定，农业部是指导和扶持农民专业合作社的行政主管部门，各级农业行政部门要加强对农民专业合作社的指导和扶持。《中共中央、国务院关于1994年农业和农村工作的意见》强调，要抓紧制定《农民专业协会示范章程》，以引导和规范农民专业协会健康发展。1994年国家财政部出台了扶持农民专业合作社的相关政策，与此同时，展开了农民专业合作社的试点工作，由此农民专业合作社得到一定的促进和发展。

再次，进入21世纪，为推动农民专业合作社的发展，国家加快相关法律法规的制定。例如，2006年全国人大常委会出台了《中华人民共和国农民专业合作社法》（以下简称《农民专业合作社法》），随即，农业部等多部门联合制定了《关于开展农民专业合作社示范社建设行动的意见》，国家工商总局制定了《关于农民专业合作社登记管理的若干意见》，财政部制定了《农民专业合作社财务会计制度》（试行）等多个政策文件并付诸实施。

总之，农民专业合作社是时代变革的产物，与中国改革开放及社会主义市场经济相联系，国内新的经济社会环境内生了农民专业合作社。农民专业合作社还是农业现代化发展的产物，在现代农业发展中，农业生产需要效率，家庭经营虽然解决了生产经营及分配领域“大锅饭”的问题，激发了农民生产积极性，提高了农业生产效率。但是，在市场化、经济全球化背景下，家庭经营的效率难以持续。农业的发展需

① 中共中央党史研究室等：《中国新时期农村的变革》（中央卷中），中共党史出版社1998年版，第624—625页。

要通过产业化来提高生产效率，正是现代农业的发展及农业产业化的发展促使农民专业合作社的创建及发展。

二、农民专业合作社的发展历程

中国共产党领导的农业合作事业始于新民主主义革命时期，持续存续于建国后。新中国成立以来，我国农业农村发展的历史始终伴随着农业合作事业的发展，只不过各个历史时期农业合作的形式、特点、目标任务、成效有所不同。1978 年改革开放后，在新的历史条件下，我国农业合作化进入新的发展时期。按照新时期农民专业合作社的成熟程度，可以将农民专业合作社的发展分为三个阶段。

第一，从 20 世纪 80 年代初到 90 年代初的 10 年，是农民专业合作社的萌芽阶段。在这一阶段，我国处于改革开放初期，初步开始市场取向的改革，自然经济和半自然经济所占的比重较大，农村经济的商品化程度不高，农产品的商品率较低。在这样的情况下，农民家庭经营所需的合作领域狭窄、层次较低，社员与合作经济组织之间的关系极为松散，主要原因在于：这时农民家庭经营中亟待解决的是技术和信息上的协作和交流。当社员掌握了相应的技术和信息后，组织往往处于自生自灭状态。

由于农民专业合作社处于萌芽阶段，组织覆盖面不大，数量较少，作用也未充分显现出来，虽然在党和政府的涉农文献中，都肯定农业合作及其组织的发育发展，但这时的政府服务及支持措施较少。

在农民专业合作社初创阶段，它主要体现为以下几个特点：一是，具有组织的内生性特点，都是农民自发自愿组织的。二是，实行自愿原则，以为社员服务为组织的目的，成果为社员所有和分享。三是，组织数量少，覆盖面低，稳定性较差。四是，合作内容以技术和信息交流为主，成员间的合作大多局限在农村社区内。五是，政府对组织持肯定和支持的态度，但政府的支持、服务措施是有限的、初步的。

第二，从 20 世纪 90 年代初到 90 年代末，农民专业合作社的发展处于初步发展阶段。1992 年中共十四大确立了建立社会主义市场经济体制的改革目标，由此，促进了社会主义市场经济的发展。在农村，农作物和养殖业产品的产量不断增加，农产品商品率不断提高，农业生产的资源和市场的两种约束纠结在一起，农民生产经营上的合作逐步增加。到 20 世纪 90 年代初期，我国农民专业合作社的发展进入初步发展阶段。

首先，合作内容拓展，层次提升，即由农民之间的技术合作型向技术经济合作型升级，农民参加专业合作经济组织的目的不仅仅是为了获取技术和信息，而且还为了得到生产资料购买、农产品的储运、销售等服务。在这一阶段，以从事农产品销售为主的农民专业合作社大量兴起，带动农民合作的领域甚至拓展到资金和生产设施等生产要素方面。

其次，与农民专业合作社的萌芽阶段不同，在其初步发展阶段，除了农民自发自愿集结组织农民专业合作社外，其他专业大户、各类农村经济组织、农业龙头企业等纷纷将目光投向农民专业合作社，进而牵头组建农民专业合作社。这样，农民专业合作社的牵头人明显多元化了。

再次，随着市场驱动，农民专业合作社开始突破传统的农村，出现了跨乡、跨县经营的农民专业合作社。

最后，在农民专业合作社有了一定发展的情况下，政府顺势而为，积极引导农民专业合作社的发展。1993 年中共中央、国务院制定的《关于当前农业和农村经济发展的若干政策措施》提出，“农村各类民办的专业技术协会（研究会），是农业社会化服务体系的一支新生力量。各级政府要加强指导和扶持，使其在服务过程中，逐步形成技术经济实体。”①《中共中央、国务院关于1994年农业和农村工作的意见》中提出，“扶持民办专业技术协会的健康发展。……引导农民专业协会真正成为

① 中共中央党史研究室等：《中国新时期农村的变革》（中央卷中），中共党史出版社 1998 年版，第 964 页。

‘民办’、‘民管’、‘民受益’的新型经济组织。”①

在《中共中央、国务院关于做好1995年农业和农村工作的意见》中强调发展多种形式的一体化经济组织，这表明：党和国家开始关注农业农村经济组织的发展问题，认识到农业农村经济组织形式多样化、一体化问题的重要性。这一思路促进了农民专业合作社的发展。《中共中央、国务院关于1998年农业和农村工作的意见》提出，“发展多种形式的联合与合作。农民自主建立的各种专业合作社、专业协会以及其他形式的合作与联合组织，多数是以农民的劳动联合和资本联合为主的集体经济，有利于引导农民进入市场，完善农业社会化服务体系，要积极鼓励和大力支持。”②

第三，进入21世纪以来，农民专业合作社进入加速发展阶段。新世纪以来，我国进入全面建设小康社会新时期，一方面，农业农村经济结构的调整向纵深推进；另一方面，我国加入世界贸易组织，农业的发展广泛地融入经济全球化中，这既为农民专业合作社的发展提供良好的条件，又对其提出严峻的挑战。发展农业合作经济组织，增强农民的组织化程度，十分迫切。

首先，农民专业合作社发展迅速，数量和规模不断扩大。2005年，全国农民专业合作社总数超过15万个，成员有2363万户，占全国农户总量的9.8%。③截至2010年底，全国有农民专业合作社37.91万家，在工商部门登记成员数715.57万户。……截至2010年底，全国在工商部门登记的合作社出资额4545.77亿元。④

① 中共中央党史研究室等：《中国新时期农村的变革》（中央卷中），中共党史出版社1998年版，第1015页。

② 《十五大以来重要文献选编》（上），人民出版社2000年版，第191页。

③ 张晓山、苑鹏：《合作经济理论与中国农民合作社的实践》，首都经济贸易大学出版社2010年版，第159页。

④ 农业部农村经济体制与经营管理司等：《中国农民专业合作社发展报告》（2006—2010），中国农业出版社2011年版，第1页。

其次，农民专业合作社社员共同投资兴办农业经济实体，农民专业合作社开始成为农业生产经营中的重要组成部分。涉及种植业、畜牧业、渔业等的生产、加工、信息技术服务等领域的合作，对促进农业产业化、农村经济的发展、农民增收等发挥了较大作用。

再次，农民专业合作社得到党和政府的高度重视，将其作为发展现代农业和增加农民收入的重要组织载体、途径来加以推动。这集中体现在《农民专业合作社法》以及其他相关政策措施的制定和实施。在实践中，由国家农业部牵头，2002 年在浙江等地开展农民专业合作社试点工作，2003 年农业部授予 50 家农民专业合作社为先进单位。2004 年农业部开始启动新的支持农民专业合作社的试点工作，落实扶持资金达 2000 万元①。目前，国家农业部及各地方政府部门都通过多项政策措施，支持农民专业合作社的发展。

第三节　农民专业合作社的属性特征

一、农民专业合作社的属性

研究农民专业合作社的科学发展及其对社会主义新农村建设的价值意义，探究其作为社会主义新农村建设的组织载体，必须准确把握农民专业合作社的属性特征。

第一，农民专业合作社与计划经济时期农业合作经济组织不同。从我国农业合作化历史的角度看，当前，农民专业合作社不是计划经济时期农业合作经济组织的复归，而是社会主义市场经济条件下具有一定经济、政治、文化功能的互助性合作经济组织，是新时期农业合作化的体现。

---

① 韩俊：《中国农民专业合作社调查》，上海远东出版社 2007 年版，第 9 页。

从社员的成分上看，《农民专业合作社法》规定：在农民专业合作社中，“农民至少应占成员总数的百分之八十。成员总数二十人以下的，可以有一个企业、事业单位或者社会团体成员；成员总数超过二十人的，企业、事业单位和社会团体成员不得超过成员总数的百分之五。”① 可见，农民专业合作社以农民为主体，并允许其他与农民专业合作社业务有关的公民、企业、事业单位和社会团体加入，这使农民专业合作社不是以农村社区为界限，与我国历史上完全以农民为社员的合作经济组织相区别。

从历史背景上分析，农民专业合作社是在社会主义市场经济条件下，在坚持农村基本经营制度的基础上，满足农民分散家庭经营中的互助合作需要，即弥补农民分散家庭经营不足的背景下产生的，是诱致性的组织制度演进的结果。所以，与我国历史上农业合作经济组织有着明显的差别。农民专业合作社作为互助性合作经济组织，主要承载着经济功能，同时衍生相应的政治、文化等功能。今天，农民专业合作社发挥其各种功能的方式、具体内容等不同于我国历史上农业合作经济组织。

第二，农民专业合作社不是资本主义国家农业合作经济组织的复制。从国际比较的视域，农民专业合作社也不是简单照搬当今资本主义国家农业合作经济组织的做法。

合作或者说协作，是人的社会性的体现，自古即有，但农业领域的大规模合作运动，是在资本主义时期才出现的。当时，在工业化进程中，从事农业生产经营的农民为寻求自身出路，组建了合作经济组织。农业合作经济组织产生后，始终沿着世界性的方向发展，今天，可以说，农业合作经济组织是世界性的。农民专业合作社作为互助性合作经济组织，具有作为合作经济组织的特点，以为社员服务即增进社员的共同利益为价值目标，等等。尽管如此，农民专业合作社有别于当今资本

① 《中华人民共和国农民专业合作社法》，中国法制出版社 2006 年版，第 8 页。

主义国家的农业合作经济组织，这主要在于：

就合作经济组织而言，当今资本主义国家的农业合作经济组织与我国农民专业合作社有相同之处。但是，我国的农民专业合作社有中国特点，是在中国特色社会主义农业现代化发展中形成的农业合作经济组织，是在坚持社会主义基本经济制度，坚持我国农村基本经营制度的基础上，并与经济全球化和社会主义市场经济对接的合作经济组织。农民专业合作社与当今资本主义国家的农业合作经济组织有着不同的国情和制度基础。

农民专业合作社富有中国特色。农民专业合作社的发展需要借鉴其他国家农业合作经济组织的成功经验，但从总体上讲，我国农民专业合作社的产生和发展融入中国特色社会主义发展之中，融入中国农村改革发展之中，融入中国特色农业现代化之中，融入中国农业合作化历史进程之中，是新时期中国农业合作化的一种组织载体和具体形式。它体现了在新的历史条件下我国农业合作化的发展及创新，在功能作用、运营方式、社员制度等方面，都有中国特色。

第三，农民专业合作社不同于农村其他社会团体。经济组织不同于社会组织，除了各自发挥的作用不同之外，还有注册机关不同之别。农民专业合作社作为互助性合作经济组织，不同于农村其他社会团体，之所以提及这个问题，一个主要原因在于，农民专业合作社在其孕育创建之初，是在民政部门注册登记的，属于社会团体。

改革开放后萌生的新型农民合作经济组织，出自多个注册机关，属性不明，较为混乱。改革开放后，农村经济社会组织的演进变迁呈现出复杂的态势，例如，1978 年以后，农村出现了形式多样的专业协会、产业协会、行业协会等组织，这些组织虽然为农业的产前、产中、产后服务，实质上发挥的却是经济功能，属于农业领域的合作经济组织，而在《农民专业合作社法》颁布实施之前，这些组织注册较为混乱，有的是在民政部门注册登记的，有的是在工商行政管理部门注册登记的。同时，作为社会团体，属于非营利性组织，不可以从事营利性的生产经营活动。只有在工商行政管理部门登记的组织，才属于经济组织，才可以从事营利性的生产经营活动。

2006年我国颁布的《农民专业合作社法》明确规定，农民专业合作社作为互助性合作经济组织，要在工商行政管理机关注册登记，方可运营。但在实际中，一些仍没有重新到工商行政管理部门登记的，以“协会”之名的社会团体，却与农民专业合作社一样，从事营利性生产经营活动。凡属于这类社会团体，事实上已经变异，应规范其发展。既然是社会团体，就不能以营利为目的，否则就要重新登记，重新认定其组织的属性。但在现实生活中，这些组织之所以不愿意重新到工商行政管理部门登记，改变组织的性质，主要在于，与经济组织比较，社会团体的运作享有一定政策上的优势。

第四，农民专业合作社具有互助合作经济组织的属性。从词汇学的角度理解，农民专业合作社是由农民和专业合作社构成的一个复合词，显然，作为合作经济组织，他的主体是农民，并且是与农业生产相联系的合作经济组织。依据《农民专业合作社法》，“农民专业合作社是在农村家庭承包经营基础上，同类农产品的生产经营者或者同类农业生产经营服务的提供者、利用者，自愿联合、民主管理的互助性经济组织。”① 根据法律对农民专业合作社的界定，具体地分析农民专业合作社所反映的作为互助性合作经济组织的本质属性及内容，主要在于：

尽管法律对此有明确的规定，农民专业合作社的性质也是不容否定的，但仍需要基于现实对其做出理性分析：一是，在现实中，确实存在偏离互助性合作经济组织应有特征的所谓“农民专业合作社”；二是，农民专业合作社与计划经济时期的农业合作经济组织的关系需要进行理论上的探讨；三是，理论上需要对农民专业合作社与当今资本主义国家

① 《中华人民共和国农民专业合作社法》，中国法制出版社2006年版，第3页。

农业合作经济组织，做出综合的、对比性的分析。

在比较分析中，要明晰农民专业合作社的互助性合作经济组织属性。《农民专业合作社法》第十三条规定：设立农民专业合作社，应向工商行政管理部门申请登记。由此可知，农民专业合作社是经济组织。同时，作为经济组织，它仅仅是农村各种经济组织的一种形式，并且是农村合作经济组织的一种形式，它不同于农村家庭承包经营基础上的农户，不同于联结土地要素的农村社区性合作经济组织，不同于非经营性的涉农专业协会，也不同于联结资本要素的农村股份合作经济组织，而是互助性合作经济组织，农民专业合作社集合了互助性社团和营利性经济组织的特征。所以，作为互助性合作经济组织，农民专业合作社和其他经济组织一样，要组织生产要素，进行生产经营活动，追求效益，增量社员及社会财富，等等。同时，作为合作经济组织，农民专业合作社有其自身的特点：

首先，从经济组织的角度，农民专业合作社不同于农业企业或公司。虽然农民专业合作社与各类企业一样，对外富有竞争性，谋取经济利益，承担社会责任等，但就内部关系而言，农民专业合作社与其他农业企业或公司有着明显的差别：一是，农民专业合作社成立的主要目的是为社员服务；而组建农业企业，是以利润最大化为目的。二是，农民专业合作社较之农业企业或公司，富有民主及公平原则，农民专业合作社实行内部管理的一人一票制，社员权利平等，同时社员进退社自由，且社员退出时可以带走自已入社时的资金以及因公共积累形成的个人财产；而农业企业或公司以股权衡量权利，实行一股一票制，体现有限的民主与公平理念，尽管股东可以进出，但在退出组织时，股东要转让股份，且不能提取公共积累所形成的资产。三是，农民专业合作社的分配实行惠顾返还，即以社员与农民专业合作社的交易量及劳动量返还；而现代农业企业或公司则以股东持有股份多少返还。具体地说，农民专业合作社是在土地家庭承包基础上的、分散的、小生产规模经营者即农民的互助经济联合体。“农业的合作制如果不以相对独立的家庭经营为基础，那么，这个合作组织就不是真正意义上的合作组织。这是一个非常重要的命题。”①

自改革开放以来，农业生产经营方式及制度的变迁使农户成为农村最基本的经济组织，同时致使大量农民分散化、原子化。应该承认，在计划经济体制下，不必考虑生产成本及产品销路与生产为了自给自足的农民同社会主义市场经济条件下要面向市场即必须考虑其产品销路的农民是不同的。他们面对的生产过程环节、组织生产的方式、需求趋向等都有所不同，这体现了农民专业合作社社员的弱势特点，这种弱势既是相对于有实力的种养大户、涉农公司企业而言的，又是农民在竞争激烈、千变万化的国内外大市场面前所体现出的不适性而言的。没有生产同类农产品的相对弱势农户所面临的共同问题及共同需要，这种互助性经济联合体就没有存在和发展的可能。农民专业合作社不是一般意义上的单纯追求人、财、物等生产要素最大效益的经济组织，农民专业合作社的所有者和使用者同一，它不同于民营企业，不同于集体经济组织，属于特殊性经济组织。

农民专业合作社这一合作经济组织是弥补农民家庭经营不足以及农村双层经营中“统”的层面被“虚化”的情况下所形成发展起来的合作经济组织，就其组织的运营而言，它不否认农村土地的集体所有，承认社员的个人财产所有权，强调组织的公共积累，同时作用于社会主义新农村建设。从农民专业合作社强调组织的公共积累以及作用于社会主义新农村建设等角度看，它与集体经济有一定的兼容性。同时，合作经济组织与集体经济组织有相同之处，但二者又不完全一致。农村集体经济表现为，生产资料为农村社区集体范围内成员所有，集体对生产资料

① 黄祖辉、赵兴泉、赵铁桥：《中国农民合作经济组织发展：理论、实践与政策》，浙江大学出版社 2009 年版，第 2 页。

及产品拥有占有、使用、支配权，集体经济组织按照集体经济原则进行生产经营；在分配上，实行按劳分配。在生产资料的所有与分配问题上，合作经济不同于集体经济，一方面，合作经济既承认个人财产所有权，也承认公有或共有产权；另一方面，合作经济既有体现按劳分配的分配形式，也有其他分配的形式。

农户是农民专业合作社的主要成员，参加农民专业合作社的农户不改变其土地承包权，农户因生产上的技术、运输、生产资料的供应以及产品销售等需要，向农民专业合作社注入股金，参加农民专业合作社。农户集合了合作社的所有者和使用者身份，分配主要按照社员与农民专业合作社的交易额量返还，农民专业合作社以服务社员为主要目的，同时兼有营利目的，并具有一定的社会功能。这样看来，农民专业合作社不否定土地集体所有，与土地这一基本生产资料集体所有联结。同时，农民专业合作社又允许社员注入限量的股金，允许生产要素参与分配，这说明，农民专业合作社内含着非集体经济因素。

农民专业合作社不同于股份制企业和股份合作制企业。股份制企业是按照法律的规定，由政府批准，通过发行股票，以营利为目的，从事生产经营活动的法人实体。股份制企业是资本的联合，其股票可以在市场上交易。股份制企业以为股东获利为目的，实行按股分红。股份合作制企业是改革开放实践中的一大创造，它兼有股份制企业和合作制企业的特点，是资本联合和劳动联合的统一。股票只能在企业内部转让，不能在市场交易；在分配上，实行按股份和按劳动相结合的形式。服务社员，是农民专业合作社的宗旨，社员入社的股金不能在市场上买卖，合作社按社员与农民专业合作社的交易额分红。

其次，作为互助性合作经济组织，农民专业合作社只是农村合作经济组织的一种形式。在我国农村，合作经济组织多样："公司 + 农户"的产业化模式是农业产业化中的组织创新，"分包制"是其组织形态。此外，还有以农村集体土地为基础的农村社区性合作经济组织，以生产要素组合为纽带的农村股份合作经济组织，以及农民专业合作社，等等。其中农村社区性合作经济组织与农民专业合作社是具有经典特点的合作经济组织，秉承了经典合作制的原则，即进退社的自由自愿原则、决策中的一人一票原则、经营中的社员利益最大化原则、分配中的社员惠顾原则、公共积累原则等。而“公司＋农户”模式中的“分包制”组织形态、农村股份合作经济组织等都引入了股权因素，因而与传统的经典合作制有一定的区别。

此外，作为互助性合作经济组织，农民专业合作社更加突出“专业”特色，其中的“同类”内含“专业”性。正是这种“专业”特色，使其有别于农村其他合作经济组织。

二、农民专业合作社的主要特征

农民专业合作社的主要特征反映农民专业合作社的互助合作经济组织属性，及其鲜活的实践、时代及中国特色。

第一，对于组织的社员而言，农民专业合作社没有明显的边界，具有开放性特征，这一特征又使农民专业合作社的社员具有多元化特征。农民专业合作社不同于历史的“政社合一”的人民公社，人民公社组织边界具有封闭性，社员的政治、经济、文化权利集合在公社集体中，社员一旦离开了公社，便失去土地、基本的生存空间、文化等相关权利。与人民公社不同，虽然农民专业合作社主要以地缘性的行政村为合作边界，但它承认社员的个人利益，坚持土地家庭承包经营制度，社员资格具有开放性。社员的合作不是仅仅基于身份和地缘关系，还有基于业缘关系的合作；只要是从事相同的农产品生产及服务，基于共同的要求，就可以实现合作。农民专业合作社的社员既有单个社员，也有团体社员；既有普通农民，又有龙头企业、种养大户、涉农机构等。同时，农民专业合作社社员有进退社的自由，按照法律和政策，社员退社之后，自身利益不受损害。开放性保证了农民专业合作社的活力。但是，无论怎样开放，其社员应以单个农民社员为主体。

第二，农民专业合作社是在坚持以家庭承包经营为基础、统分结合的双层经营体制的前提下形成和发展起来的，它坚持农村土地生产资料的集体所有，弥补了农民分散家庭经营的不足，同时承认农民的个人财产所有权。从现实调查结果看，农民专业合作社的产权量化到个人，这与20世纪50年代的高级农业生产合作社及人民公社不同。20世纪50年代的高级农业生产合作社及人民公社没有将组织的资产量化到具体的每一个人身上，不承认社员的资产受益。同时，应该看到，在生产要素参与分配方面，农民专业合作社也与20世纪50年代的初级农业生产合作社有相同之处，但二者的差别也较大，其中主要在于土地等生产资料的所属及时代背景上的不同。在农民专业合作社中，社员以一定的资金、技术、劳动力或生产资料作为入社费或者股金交给了农民专业合作社，社员拥有资产收益和盈余返还权利，农民专业合作社的资产量化到具体的社员身上，体现了生产要素和劳动合作的融合。

第四节　农民专业合作社的基本原则及类型

农民专业合作社是农村各种经济组织形式中的一种。与农村其他经济组织比较，农民专业合作社有自己的组织原则及类型。

一、农民专业合作社的基本原则

根据《国际合作社联盟章程》，合作社有如下原则：一是，合作社是自愿组成的组织，社员资格具有自愿性和开放性。二是，合作社是民主的组织，实行社员的民主管理。三是，社员均摊合作社的资本，部分资产常常表现为合作社的共有资产。四是，合作社是由社员所主导的自主、自助的组织。五是，向合作社的社员、管理者及雇员提供教育培训，其目的在于促进合作社的发展。六是，合作社通过地方区域性的和国际上的合作，有效地服务于其社员，并发展合作社运动。七是，促进它所在社区的可持续发展。① 中国农民专业合作社形成于中国改革开放后，它有与其他合作经济组织所共有的特征和所坚持的原则，同时还有其自身特征及所坚持的原则。

第一，坚持"成员以农民为主体"② 的原则。之所以坚持这一原则，主要在于：服务"三农"，维护农民利益。如果不以农民为主体，那就有可能降低它与"三农"的关联度，使其运作偏离农业产业，也很难使农民成为专业合作社的主人。既然是农民专业合作社，那它一定以农民为主要成员。按照法律规定，从事与合作社业务直接有关的生产经营活动的企业、事业单位或者社会团体，能够利用农民专业合作社提供的服务，承认和遵守《农民专业合作社章程》，履行《章程》规定的入社手续，可以成为农民专业合作社的成员。但是，法律对企业、事业单位、社会团体在农民专业合作社中的数量和比例做了限定，即"成员总数二十人以下的，可以有一个企业、事业单位或社会团体成员；成员总数超过二十人的，企业、事业单位和社会团体成员不得超过成员总数的百分之五"。"农民专业合作社的成员中，农民至少应当占成员总数的百分之八十。"③

第二，坚持"以服务成员为宗旨，谋求全体成员的共同利益"④ 的原则。农民专业合作社的经营在于服务社员，谋求社员的共同利益。在市场竞争中，分散的、原子化的农民入社，就是为了享受农民专业合作社所具有的专业性的产前、产中、产后服务，克服单个农民的弱势，提

① 中华全国供销合作总社国际合作部：《国际合作社联盟》，中国社会出版社 2009 年版，第 137—138 页。

② 《中华人民共和国农民专业合作社法》，中国法制出版社 2006 年版，第 3 页。

③ 《中华人民共和国农民专业合作社法》，中国法制出版社 2006 年版，第 8 页。

④ 《中华人民共和国农民专业合作社法》，中国法制出版社 2006 年版，第 3 页。

高经营效益。反之，如果合作社不以服务社员为宗旨，而以追逐利润为目的；不能为社员提供生产资料购买的服务；不能为社员在农产品的加工、运输、储藏、销售以及生产经营技术和信息等方面提供服务，农民不能通过互助合作，提高规模效益，那么这样的农民专业合作社迟早要解体或转为其他经济组织。以服务社员为宗旨，谋求共同利益，是衡量一个经济组织是否是农民专业合作社的主要标志。

第三，坚持“入社自愿、退社自由”① 的原则。社员进退社自愿自由的原则是作为互助性合作经济组织所共有的原则，坚持这一原则，能保证农民专业合作社的开放性。从事同类农产品的生产经营者有共同的需求或者面对基本相同的问题，就可以依法组建农民专业合作社。农民可以同时加入多个农民专业合作社，社员也可以自由退社。如果合作社社员退社，农民专业合作社要按法律及《合作社章程》规定，退还记载在该社员帐户上的出资额和公积金，并将其应得的可分配盈余返还给社员。

第四，坚持“成员地位平等，实行民主管理”② 的原则。《农民专业合作社章程》是合作社的“小宪法”。社员是农民专业合作社的主人，农民专业合作社内部社员之间的地位平等，实行一人一票制，凡是涉及农民专业合作社及社员利益的重大事项，必须由社员大会讨论决定。为了保证农民专业合作社民主管理原则的贯彻，《农民专业合作社法》规定，出资额较大或者与本社交易量较大的社员，可以享有附加表决权，但不得超过本社社员基本表决权总票数的百分之二十。

第五，坚持“盈余主要按照成员与农民专业合作社的交易量（额）比例返还”③ 的原则。实施这一原则，主要是为了保护一般社员和出资较多社员的利益及其积极性。对于农民专业合作社的盈余，除了提取必

① 《中华人民共和国农民专业合作社法》，中国法制出版社 2006 年版，第 3 页。
② 《中华人民共和国农民专业合作社法》，中国法制出版社 2006 年版，第 3 页。
③ 《中华人民共和国农民专业合作社法》，中国法制出版社 2006 年版，第 3—4 页。

要的公积金外，要按社员与农民专业合作社的交易量及其劳动量返还给社员，其中返还额不得低于盈余的60%，即所谓的惠顾返还。“民主管理和剩余按照交易额返还，这成为鉴定一个组织是否是合作社的基本标准。”①

二、农民专业合作社的主要类型

合作事业是国际性的，农民专业合作社不独为中国所有，世界上许多国家都有，而且有的国家农民专业合作社发展得非常好。只要是以农民为主体，从事各种涉农的专业经营或服务活动的合作社，我们都称之为农民专业合作社。从普遍意义上看，我国农民专业合作社主要有以下几种类型：一是，按照创办者的身份划分，可分为企业带动型、政府发起型、农村能人（大户）带动型、涉农服务部门兴办型。二是，按照组建方式划分，可分为农民自办型、官民合办型。三是，按照合作内容划分，可分为加工类、运输类、销售类、技术信息服务类、生产资料供应类等农民专业合作社。目前，理论上的划分标准也较多，有的以发起主体为标准来划分，有的以组织功能为标准来划分，有的以合作内容为标准来划分，有的以治理结构为标准来划分，有的以合作的层次为标准来划分。

第一，根据农民专业合作社发起的主体，农民专业合作社主要有以下类型：

首先，农民自组织的农民专业合作社是农村社区内的若干农民有着生产经营上的相同问题和要求，由农民自发组织起来的。它是自生自发的，其产权明晰，管理较为民主，社员以农户为主体和核心。如果这种自组织型的农民专业合作社在其发展中内在地产生富有远见、能力

① 李娑娑：《中国农民专业合作组织研究：基于国家与社会关系的视角》，中央编译出版社2011年版，第2页。

强、熟悉合作社业务的领导者，那么这种自组织型的农民专业合作社因其最初发起时最符合合作经济组织的特点，将有很好的发展前途。

其次，农村能人带动型的农民专业合作社。农村能人或是农民企业家，或是养殖种植大户，或是经济实力强并且具有较多社会联系的能人，由他们发起组织的农民专业合作社，属于农村能人带动型。农村的能人负责农民专业合作社的日常管理、决策、技术辅导、产品销售、生产资料供应等，其他自愿入社的农民一般不参与决策。这种农民专业合作社利弊并存。所谓利，主要在于：决策快，内耗少，有可能减少经营风险。所谓弊，主要在于：因能人介入农民专业合作社的内部事物过多，导致组织权责不明，可能导致组织运作有失科学性，以及社员不愿意承担风险责任的结果；同时农民专业合作社的文化培训、民主管理等将受到影响。

再次，龙头企业依托型的农民专业合作社。它是某些农产品加工销售企业、农产品批发市场出于自身发展的需要而组建的，其以农产品加工销售企业、农产品批发市场等为依托，吸引一些农户组建。龙头企业依托型的农民专业合作社影响范围较广，规模较大，是联结企业和农户的纽带。虽然这种模式好于“公司＋农户”模式，能提高农民的市场地位。但是，由于依托于企业，自然也以企业利益为先。也可以说，这种农民专业合作社存在企业与农户利益不一致的问题，如果此问题发生，农户必然处于劣势。出于农民利益的考虑，目前，可以发挥这种农民专业合作社的长处，但从长远的角度看，它不应得到鼓励和推广。

最后，相关涉农组织机构领办型的农民专业合作社。这是村党支部、村委会、政府涉农经济技术部门领办的，它是在其他类型农民专业合作社有了一定的发展，中央政府开始重视这一组织在农村农业发展中的重要作用的条件下产生的。同时，也是旨在发挥农村党组织的政治优势、发挥农村基层自治组织的作用、发挥县乡政府涉农的人才、技术和组织优势而组建的。例如，山东莱阳农民专业合作社的经验被称之为

“莱阳模式”，其特点是，政府涉农部门兴办农民专业合作社，在其组织的运作中有效地发挥了政府在技术、人才、财力等方面的作用。但是，这种农民专业合作社不符合合作经济组织的运行规则，同时由于利益联结动力不足，政府很难长期持续地关注农民专业合作社的经营发展。所以，从长远的角度看，这种农民专业合作社有失持久存在及发展的充分条件，它要么将组织的主体位置让位于农民，实现“民办、民管、民受益”；要么在实践中逐步萎缩。此外，村党支部和村委会领办的农民专业合作社有时将农民专业合作社演化为农村能人领办和龙头企业领办的合作经济组织。实际上，在农民专业合作社发展初期，为发挥涉农组织机构的作用，促进农民专业合作社的发展，涉农组织机构可以领办农民专业合作社，但不适宜长期推广，且发展起来的农民专业合作社要通过一定的程序，使其主体归位于农民。

第二，根据合作的内容，农民专业合作社主要有以下类型：

首先，生产加工型的农民专业合作社。这种合作社主要是为农民提供生产资料产前、产中的供应服务，或者合作社购买农民的产品，发展农产品加工业，实现农工商一体化，从而让社员分享农产品的加工和流通所带来的增殖效益。这样，就把经营的着眼点放在了农产品的终端，从而提高自身的竞争力。

其次，服务型的农民专业合作社。根据组织经营活动所需要的技术、信息、资金、中介、市场、农产品的贮藏运输等来确定自己的业务，为社员服务，就属于此种类型的农民专业合作社。

再次，信贷型的农民专业合作社。农民在生产经营中，常常会遇到资金短缺问题，现有的农村金融机构并不能完全解决这一问题，由此，通过农民自愿合作，组建信贷型农民专业合作社。它以为社员提供信贷服务为内容，旨在解决社员的资金短缺问题。

第三，按照是否营利，农民专业合作社可分为社团型农民专业合作社和企业型农民专业合作社两类。分析我国农民专业合作社组织演进的脉络，发现最早的农民专业合作社是在民政等部门登记注册的社团型农民专业合作社。农民专业合作社组织演进脉络及趋势如下：

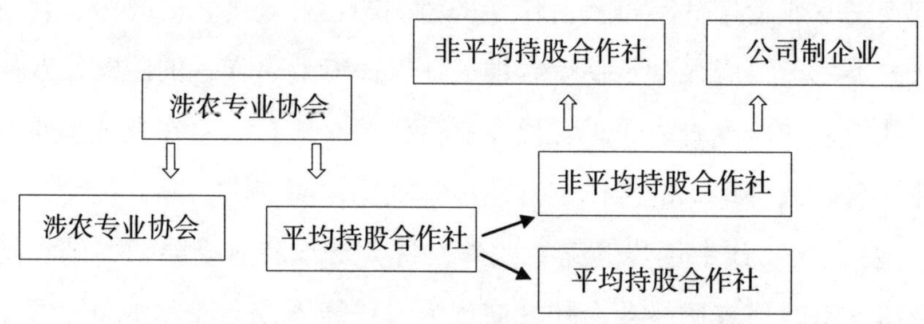

图 2–1 农民专业合作社组织演进脉络及趋势

我国农民专业合作社兴起于 20 世纪 80 年代，发展于 20 世纪 90 年代和近些年。我国《农民专业合作社法》颁布于 2006 年，在法律没有制定实施前，农民专业合作社主要在民政、科技、农业部门登记注册，加之最初农民专业合作社主要以提供技术、信息等服务为主要内容，社员只交纳入社费，不交股金，因此，最早的农民专业合作社是以社会团体的形式出现的。最初在民政部门登记注册的各种类型的农民专业技术协会是农民专业合作社的雏形。农村最初出现的各种服务队、专业协会和研究会等组织沿着两个方向发展：一是，沿着非营利的、社员之间关系较为松散的方向发展，这些组织至今还保持着非营利社团组织的属性。二是，沿着组织与社员发生交易活动的方向发展。有的是农产品购销交易，有的是生产资料购销交易等，从而产生交易额和盈余，这样就出现了平均持股和非平均持股的农民专业合作社。与此同时，一些非平均持股的农民专业合作社正在或已经偏离合作经济组织的运行原则，向公司制企业转变。

从实地调研情况看，目前，有的组织虽然以某某研究会或协会为名，但已经是具有营利目的的经济组织了，不再是社团型农民专业合作社，由此，要为其正名。还有一些营利性农民专业合作社已经转化为公司制企业，也要为其正名，使其免于享受政府的优惠政策。

第三章　社会主义新农村建设的多维阐释

农民专业合作社是在改革开放后的农业农村发展中形成和发展起来的合作经济组织，抑或说它形成和存在于改革开放后的农业农村的发展中。当前，农民专业合作社的科学发展已成为社会主义新农村建设中的问题。本书以农民专业合作社的科学发展及其作为社会主义新农村建设重要组织载体为研究主题，因此，必须对社会主义新农村建设相关问题加以阐述。现阶段，农民专业合作社快速发展，也在一定程度上发挥了它服务于农业农村的作用。但是，速度不代表一切，或者说，这还不能说明农民专业合作社的健康规范的科学发展。事实上，确有一些功能不佳、组织制度不完备、运营不规范的农民专业合作社存在着，因此，农民专业合作社越是快速发展，它的科学发展问题就越加凸显。诚然，任何组织组建后，都有健康规范地科学发展的问题，农民专业合作社作为互助合作经济组织，在其创建后，也需要健康科学地发展。农民专业合作社的科学发展对社会主义新农村建设具有重要价值。

第一节　社会主义新农村建设的旨意及任务要求

自 1956 年社会主义改造完成后，社会主义新农村建设始终在进行着，1978 年改革开放后农村的改革发展历程体现了新的历史条件下的社会主义新农村建设。但中国共产党将社会主义新农村建设作为我国现代化建设的战略举措加以全面规划并在实践中有序推进，还是在 2005 年中共十六届五中全会以后。目前，实践中的社会主义新农村建设逐步深入，而从理论上看，阐释社会主义新农村建设更为重要的是阐释它的内涵、目标、实质等问题。

一、社会主义新农村建设的旨意

理论的最小元素是概念，对问题的研究总要从厘清概念开始，从内涵上把握社会主义新农村建设，是展开研究这一问题的前提。

第一，社会主义新农村建设不是改革开放前农村建设发展的复制，而是新的历史条件下的社会主义新农村建设。改造农村、建设新农村是中国人的长期追求。在新中国成立前，梁漱溟、晏阳初都曾大力推行“乡村建设运动”，旨在整治和康复国民党统治下的农村衰败。中国共产党在革命根据地也进行了以建设先进农村根据地为内容的农村建设，土地革命时期的中央革命根据地和抗日战争时期的陕甘宁边区就是范例。在新民主主义革命时期，党领导的农村根据地建设属于局部的新民主主义性质。在新中国成立初期及社会主义改造时期，党和政府的文献以及毛泽东等人的论述都从不同侧面阐述了社会主义新农村建设的愿景，只是当时并没有明确地使用社会主义新农村建设的概念。社会主义改造完成后，1958 年夏秋之际发动的大规模人民公社化运动旨在建设农村，当时，人民公社被视为农村发展的最优组织形式，农业的机械化、电气化，农村的工、农、商、学、兵一体化等成为所谓的社会主义新农村的理想图景。到 1960 年 4 月，全国二届人大二次会议通过的《一九五六年到一九六七年全国农业发展纲要》指出，“中共中央制订的一九五六年到一九六七年全国农业发展纲要是高速度发展我国社会主义农业和建设社会主义新农村的伟大纲领。”① 这是中央文献中较早提及社会主义新农村建设的记载。受历史局限，这些文献对我国农村建设发展的认识不深入，也不系统。

从实践的角度，在社会主义基础上的农业农村发展历程是社会主义新农村建设的历程。社会主义新农村建设从 1956 年农业社会主义改造完成后启动，时至今日，已经持续推进了半个多世纪。但是，新农村是相对的，今天的社会主义新农村与以往的社会主义新农村相比较有着许多不同之处：一是，时代背景不同。改革开放前，农村的建设发展是基于冷战的时代背景，并在计划经济体制框架内进行的，在这一历史条件下，中国共产党对于社会主义新农村建设路径做了探索和尝试。从总体上看，改革开放前，我国的社会主义新农村建设囿于苏联集体农庄作法，失误较多。当前，社会主义新农村建设是在经济全球化、社会主义市场经济体制以及中国近 40 年改革开放基础上展开的。二是，基础不同。历史上所说的社会主义新农村建设是在我国工业化建设初期以及农业农村支持工业建设的基础上展开的。今天，社会主义新农村建设是在原有农业农村发展基点以及工业反哺农业、城市带动乡村的基础上推进的，同时社会主义新农村建设纳入到了我国城乡经济社会发展一体化战略格局中。三是，虽然历史上的社会主义新农村建设旨在发展生产力和完善生产关系，但今昔的社会主义新农村建设有所不同。当时的农业现代化目标在于农业的机械化和电气化，其社会主义新农村的图景是“农林牧副渔全面发展、工农商学兵互相结合的人民公社”②，今天的农业现代化及新农村图景是在原有基础上和新的历史条件下农业农村经济、政治、文化、社会及生态方面的全面提升。当然，今天和历史上的社会主

① 《农业集体化重要文件汇编（1958—1981）》（下），中共中央党校出版社 1981 年版，第 298 页。

② 《农业集体化重要文件汇编（1958—1981）》（下），中共中央党校出版社 1981 年版，第 69 页。

义新农村建设也有着相同之处，即都在中国共产党的领导下进行的，坚持马克思主义和中国化的马克思主义指导，以实现农业现代化、改变农村落后面貌、提高农民生活水平为任务。

第二，社会主义新农村建设不是资本主义国家新村运动的复制，而是中国特色社会主义现代化建设的组成部分，有其特有的制度基础和价值取向，它所蕴涵的内容反映着社会主义新农村建设的中国特色。

首先，社会主义新农村建设不同于历史上的乡村建设运动，也不同于当今其他国家的新村建设，它是在坚持中国特色社会主义基本经济政治制度以及农村以家庭承包经营为基础、统分结合的双层经营体制下进行的。与此同时，社会主义新农村建设是中国特色社会主义现代化建设的组成部分，是与中国特色农业现代化道路和中国特色城镇化道路相联系的。“深入地看，农村仍然是最有条件构建和谐社会的领域，那里的万人平均刑事案件发生率和群体性治安事件发生率都低于城市的主要原因，其实恰恰是农村仍然坚持‘党在农村的基本经济制度’，还没有形成资本与劳动的对立矛盾。”①

其次，按照邓小平对社会主义本质的阐述，消灭剥削，消除两极分化，最终达到共同富裕，是社会主义的本质。之所以将今天的新农村建设称之为社会主义的，不仅在于它的社会主义的制度基础，而且在于它的社会主义取向。促进农民增收，减少和消除农村贫困人口，缩小城乡和地区差距，让农民过上宽裕的生活，“保障全体人民共享经济社会发展成果”②，最终实现共同富裕，是社会主义新农村建设的旨归。

再次，社会主义新农村建设与中国农业农村改革发展的“第二个飞跃”相联系。按照邓小平的论述，农业农村改革发展的“第二个飞跃，是适应科学种田和生产社会化的需要，发展适度规模经营，发展集

---

① 温铁军：《社会主义新农村建设的两个重要意义》，《今日中国论坛》2006 年第 4 期。

② 《中共中央国务院关于推进社会主义新农村建设的若干意见》，人民出版社 2006 年版，第 2 页。

体经济”①。社会主义农业农村的发展要以公有制为主体，社会主义农业农村的发展最终不能是一家一户的耕作，而是农业的集体化、集约化。中共十七大报告指出：“探索集体经济有效实现形式”。所以，社会主义新农村建设既有背景及内容上的全新性，又有其社会主义的属性及发展方向。

第三，社会主义新农村建设是与中国的工业化、城镇化相联系的，或者说，社会主义新农村建设是在新的历史条件下，调适和整合工农业关系、城乡关系。社会主义新农村建设不是将农村克隆成为城市，实现“全域城市化”，也不是以二、三产业覆盖农业，农业永远是国民经济的基础，更不是农村人口的全员市民化。如果从农村政策角度看，社会主义新农村建设是在现有“三农”政策及其完善的基础上展开的，着眼于我国“三农”问题的缓解和解决，而不是“与现行‘三农’政策割裂开来，更不是另搞一套”。②中共十六大以来，党对“三农”问题在现代化建设战略全局中的重要性有了明确的认识，提出统筹城乡发展的战略思路。中共十六届四中全会提出了“两个趋向”的重要论断。

2008年中共十七届三中全会强调构建城乡经济社会发展一体化格局，深化了对统筹城乡发展战略的认识。从一定意义上说，农业即是工业，工业即是农业，工农业的发展需要二者的良性互动。社会主义新农村建设的过程是工业反哺农业的过程，是城市带动和支持农村发展的过程，是良性工农关系形成的过程，是缩小城乡差距的过程。

二、社会主义新农村建设的任务要求

社会主义新农村建设有五大目标：

第一，发展现代农业，使农村的生产力水平有较大的提高。生产

① 《邓小平文选》第三卷，人民出版社1993年版，第355页。

② 韩俊：《推进社会主义新农村建设需要把握的若干重大问题》，《当代世界与社会主义》2006年第3期。

力是社会发展的最终决定力量，发展才是硬道理，“发展现代农业是社会主义新农村建设的首要任务，……必须把建设现代农业作为贯穿新农村建设和现代化全过程的一项长期艰巨任务”。[①] 现代农业是与传统农业相比较而言的，发展现代农业，就是改造传统农业，就是以科学技术改造传统农业，以现代的经营形式发展农业，以现代的产业体系提高农业品质，从而使农业的机械化、信息化、水利化、标准化等水平明显提高，使农业的效率、素质和竞争力明显提高。

物质资料生产是人类社会存在和发展的基础，实现农村的生产发展，是社会主义新农村建设的基础性目标，如果没有农业生产及农村经济的发展，那么社会主义新农村建设的其他目标（生活宽裕、乡风文明、村容整洁、管理民主）就失去了物质基础。就发展现代农业，实现农村生产发展这一目标而言，具体到农业上，就是确保农产品的有效供给，保证国家粮食安全，保障农民增收，使农业具有较强的国际竞争力；就农村经济而言，就是农村产业结构合理，实现农村第一、二、三产业的协调快速发展。

第二，使农民的生活水平有较大的改善，达至生活宽裕。生活宽裕是一个相对概念，不同时期有不同标准。20 世纪 80 年代初，人们总体生活水平还没有达到温饱，那时，农民对衣食住行的要求与今天有较大的不同，随着生产的发展和社会的进步，生活宽裕的内涵在不断提高。在一定时期，农民生活宽裕度是在与城镇居民的比较中得出的，其中主要体现在与城乡居民收入的比较中。所以，农民生活的宽裕要以相对较高的收入水平作为前提条件，只有农民收入水平提高了，才能保证农民整体生活水平的提高。

改善农民生活水平，达至生活宽裕，实质上是农民收入不断提

---

① 《中共中央国务院关于积极发展现代农业　扎实推进社会主义新农村建设的若干意见》，人民出版社 2007 年版，第 2 页。

高，以及缩小城乡收入差距的问题。国家统计局公布的数据显示：2011 年农村居民人均纯收入 6977 元，比上年增长 17.9%，扣除价格因素，实际增长 11.4%；农村居民人均纯收入中位数为 6194 元，增长 19.1%。城镇居民人均可支配收入 21810 元，比上年增长 14.1%，扣除价格因素，实际增长 8.4%；城镇居民人均可支配收入中位数（处于中间序列调查户的人均收入）为 19118 元，增长 13.5%。农村居民食品消费支出占消费总支出的比重为 40.4%，城镇为 36.3%。[①] 从以上资料可知，农村居民消费增长速度高于城镇居民，但农村居民人均纯收入还远远低于城镇居民，相对于城镇居民，实现农民生活的宽裕，任重而道远。在实践中，建设社会主义新农村，实现农民的生活宽裕，应把着眼点放在缩小城乡居民收入差距上，同时要使农村的教育卫生和社会事业切实得到发展。

第三，大力发展和繁荣农村文化事业，加强农村社会主义精神文明建设，达至乡风文明。乡风文明的主要载体是农民，它反映农民的素质，体现农村精神文明建设的要求。所以，乡风文明包括农村健康文明风尚和现代新农民两部分。虽然乡风文明不会对农业农村发展产生立竿见影的效果，但对农业农村的长远发展具有战略意义，能为社会主义新农村建设提供精神动力、思想保证和人才支撑。就社会主义新农村建设的具体目标而言，生产发展、生活宽裕、村容整洁主要反映社会主义新农村建设的物质文明水平，这是一个逐步实现的过程，管理民主既需要物质基础，又需要精神文明作保障。所以，"'乡风文明'是建设社会主义新农村物质文明和精神文明的联结点"。[②]

具体地说，乡风文明目标包括以下几点：一是，社会主义核心价值观能够体现在农村文化事业发展及农村社会主义精神文明建设的具体工

① 中华人民共和国国家统计局网站，http：//www.stats.gov.cn/tjgb/ndtjgb/qgndtjgb/t20120222_402786440.htm。

② 徐平：《社会主义新农村的文化建设》，《科学社会主义》2006 年第 1 期。

作之中。二是，以爱国主义为核心的民族精神和以改革创新为核心的时代精神能够内化为农民的自觉。三是，艰苦奋斗、自力更生、勤俭节约、友爱互助、敬老爱幼等中华传统美德在农民中得到发扬。四是，抵制迷信，移风易俗，破除陋习，崇尚科学，在农村形成健康向上的生活方式和文明的社会风尚。五是，培养和造就大量的新型农民。

第四，使农村的基础设施切实得到加强，达至村容整洁。村容整洁，是展现农村新貌的窗口，是实现人与自然环境和谐的必然要求。村容整洁作为社会主义新农村建设的一个重要目标，有多重原因：一是，农村自然环境和生态问题严峻，农村原本的自然生态景观需要保持和恢复。改革开放后，乡镇企业的兴起带来了经济效益，也不同程度破坏了农村资源环境。另一方面，城市垃圾、工业废品以及污染工业向农村搬迁，使农村面临来自于城市污染物的侵袭。二是，农村水、电、路、休闲等公共基础设施较城市落后，日常生活垃圾的处理规范性差，环境卫生工作质量不高，由此造成了农村的脏、乱、破旧，这种人文景观与建设社会主义新农村的基本要求不符。

村容村貌从一个侧面反映农村的物质文明、乡风乡俗、管理现状、民生水平，村容整洁与生产发展、生活宽裕、乡风文明、管理民主是内在统一的。整治村容村貌，实现村容整洁，应落脚于中心村庄的规划和改造上。中心村庄的改造和建设应注意对农村物质文化遗产的保护，应注意所进行的是村庄的改造建设，不是城镇的建设，我们建设的是新村，乡村的风情风貌是新农村本有的底色。

第五，推进农村的基层民主政治建设，提高农村管理民主的水平。民主是衡量社会进步的一个尺度，也是衡量农村发展水平的一个尺度。没有民主，无以建设成社会主义新农村。管理民主是社会主义新农村建设的政治保证，显示了对广大农民政治权利的尊重和维护。管理民主是村民自治的内在要求，是村务公开和民主议事制度进一步完善的保障，是广大农民拥有广泛知情权和参与权的保障。管理民主是农村法制建设的要求，农民法制观念的增强、农民依法行使权利及履行义务自觉性的增强是在管理民主中实现的，同时又是农村管理民主的体现。管理民主还是农村新型社会化服务组织发育发展及有效发挥功能作用的要求。

第二节　社会主义新农村建设的方针和原则

建设社会主义新农村，必须奉行一定的方针，秉持应有的原则，才能取得令人满意的成效。根据中国共产党相关文献，建设社会主义新农村，应遵循以下方针和原则。

一、社会主义新农村建设的方针

方针即是主体行动的指向。社会主义新农村建设的方针是社会主义新农村建设的航标。社会主义新农村建设涉及农村的经济发展、基层民主政治建设、文化建设、以社会和谐为主题的社会建设等，建设社会主义新农村的过程也是农业农村农民现代化的过程。

建设社会主义新农村，必须重视“三农”问题，要把这一问题作为全党工作的重中之重，坚持“多予、少取、放活”和“工业反哺农业、城市支持农村”的方针。所谓“多予、少取”，主要是从整体上调整国家的分配政策，加大各级政府对农业农村的财政投入，坚持“多予、少取”的方针，即扩容社会主义新农村建设的外援力，所谓“放活”，主要是激发社会主义新农村建设主体即农民的自主创新能力和积极性，使广大农民投身到社会主义新农村建设中去。

坚持“多予、少取、放活”及“工业反哺农业、城市支持农村”的方针，努力改善农村生产条件、生活条件，改善农民生存质量，让农村透出浓浓的“新味”，使农村新起来、亮起来、美起来，逐步把农村建设成为“生产发展、生活宽裕、乡风文明、村容整洁、管理民主”的社会主义新农村。

坚持“多予、少取、放活”及“工业反哺农业、城市支持农村”的方针，建设社会主义新农村，必须提高农民收入，这是社会主义新农村建设的旨归。提高农民收入，既要破解“三农”问题、寻找解决的办法和思路，更要超越“三农”问题，从我国发展的战略全局来思考问题，提出对策；既要深挖农业农村内部的可增收潜力和因素，又要在农业农村之外寻求新途径；既要从现实出发实施见效快的增收措施，又要观照长远，寻求提高农民收入的长远之策。要按照中国共产党最新提出的精准扶贫的政策精神，转变扶贫思路，深入开展科学的精准扶贫工作。同时，要努力提高贫困地区农民的文明素质，拓展农民的增收途径。建设社会主义新农村，需要着力发展农村公共事业，这也是社会主义新农村建设的重要任务。要通过持续的努力，不断加大投入，发展农村各项社会事业。

二、社会主义新农村建设的原则

建设社会主义新农村，必须坚持以下原则：

第一，中国特色社会主义现代化建设要以经济建设为中心，因此，社会主义新农村建设必须坚持以发展农村经济为中心的原则。坚持以发展农村经济为中心，解放和发展农村生产力，推进农业现代化，才能从根本上保障农民持续增收，满足农民的利益诉求。

第二，坚持以人为本，把保障和维护农民的利益作为社会主义新农村建设的立足点和出发点。在实际中，要尊重农民的意愿，着力解决农民生产生活中的实际问题，真正地让广大农民得到实惠。这也是衡量社会主义新农村建设成败的一个重要标准。

第三，从实际出发，因地制宜，坚持科学发展。在实际工作中，“新农村建设不能‘刮风’，不能搞形式主义，更不能搞形象工程，不能干那些劳民伤财的事。”① 应区分各地农村发展水平及其实际情况，从实际出发，稳步循序地推进。要重视试点、示范的积极作用，以行政村为单位，以改善生产条件、生活条件为重点，加强农村基础设施建设。按照不同区域农村的特点，突出农村的地域特色。

第四，激发各方面的积极性，建设社会主义新农村。建设社会主义新农村有广大农民、政府和社会多元主体，这些建设主体的积极性都应得到最大的激发。就政府而言，各级财政要加大对社会主义新农村建设的投入，同时要发挥社会力量的作用，拓宽资金投入的渠道，吸收社会资本，建设社会主义新农村。此外，要发扬中华民族自古以来的优秀精神品格，激发农民自力更生、艰苦奋斗、互助合作，建设社会主义新农村。

第三节　社会主义新农村建设的着力点

社会主义新农村建设是一项长期的系统工程，涉及农村经济、政治、文化、社会管理、生态环境等方方面面，为此，建设社会主义新农村，既需要全面推进，又需要重点推进，从农村经济社会发展的现状出发，现阶段社会主义新农村建设应着力于以下几个方面。

一、以综合系统的思路统领新农村建设

如何推进社会主义新农村建设，中国共产党十六届五中全会做了规划，之后理论界进行了广泛而深入的探讨，提出许多有价值的观点。有的学者认为，社会主义新农村建设重在发展经济；有的认为，要把文

① 刘俊杰：《新农村建设是一项重大战略任务——访农业部部长杜青林》，《科学社会主义》2006 年第 1 期。

化建设放在核心位置；有的强调，政府要加大对农业农村的投入，工业对农业的反哺，城市对乡村的支持；有的则关注新村庄建设；等等。国家发展建设的方方面面都能触及农村，因此，社会主义新农村建设在坚持中国特色社会主义理论的指导，以及践行科学发展观的前提下，要有一个健康发展的思路。笔者认为，社会主义新农村建设需要以综合系统的思路统领，不能偏于某一方面。

以综合系统的思路统领社会主义新农村建设，关键是如何对待社会主义新农村建设中的“上下内外”问题。所谓“上下”问题，是指新农村建设既要依靠自上而下的推动，也要有自下而上的呼应的问题。诚然，在新的历史发展基点上，尤其是在全面建成小康社会的关键时期，推进社会主义新农村建设，首先来自于“上”，但社会主义新农村建设不可能靠下达行政命令来完成。在社会主义新农村建设的过程中，必须有广大农民及其他社会力量的自觉参与，形成上下互动的合力。但是，“现阶段的新农村建设主要依靠自上而下的推动”①，这不利于农民积极性、主动性、创造性的发挥，也不利于农村本土资源的有效整合。在实际中，应在发挥政府的政策、管理、监督等自上而下推动力的同时，着眼于“放活”，尽可能地调动农民的积极性、主动性。所谓“内外”问题，即社会主义新农村建设的“内驱力”和“外哺力”互动问题。一段时间以来，理论上批评以工占农，以及城市建设脱离农村的声音较强，自社会主义新农村建设战略任务提出以来，工业反哺农业，城市支持农村的声音走强，到底应该怎样看待这一问题呢？事实上，这是社会主义新农村建设的“外哺力”问题。社会主义新农村建设的必要条件在于，从农村之外寻找社会主义新农村建设的“外哺力”，这就是使社会主义新农村建设得到政府的重视，得到政府的财力投入和支持，实施工业反哺农业及城市支持农村的政策措施。社会主义新农村建设在实际操

① 黄陵东：《新农村建设内外部资源整合与创新研究》，《科学社会主义》2006 年第 5 期。

作中，既要重视政府对农业农村的投入，重视工业对农业的反哺，城市对农村的支持，又不能将社会主义新农村建设完全寄希于外力上，或者说，依赖于外力推动上。社会主义新农村建设需要工业对农业的反哺，需要政府的领导及支持，但“新农村建设不可能靠补贴、反哺、资助来实现”①。

以综合系统的思路统领社会主义新农村建设，还要处理好点与面的问题。一个时期内，曾出现农业农村农民问题的解决要跳出“三农”，从农业农村农民之外寻找解决的途径，由此，在积极推进农村的非农产业的发展、乡镇企业的发展、城镇化、小城镇建设以及大量农村劳动力转移的同时，并没有从根本上解决“三农”问题即农业的弱质、农村建设主体力量的弱化、农村整体上的现代化进程迟缓等问题。所以，要以综合系统的思路统领社会主义新农村建设，要从“三农”之外的视阈寻找路径，但也不能局限于跳出“三农”解决“三农”问题的思路，要以综合的思路，实现内外互动。

以综合系统的思路处理好社会主义新农村建设的点与面的问题，就不能只强调农村经济的发展，单纯强调农村经济的发展，将导致农村经济与社会、文化、民主管理不协调。在实际工作中，要以发展农村经济为中心，同时注重农民收入的提高、村容村貌的整治、农村精神文明建设和基层民主政治建设。不能把社会主义新农村建设简单地视为新村庄建设。如果社会主义新农村建设撇开农业发展能力的提升，撇开农村综合配套改革，撇开对农民主体积极性的激发，忽视对农村文化价值、观念及生活方式的尊重，那么，社会主义新农村建设将出现追求政绩工程趋势、克隆城市的大跃进、新的侵犯农民权利现象等误区。

---

①　黄陵东：《新农村建设内外部资源整合与创新研究》，《科学社会主义》2006年第5期。

二、以发展农村经济为中心

以发展农村经济为中心，符合历史唯物主义的基本观点。坚持以发展农村经济为中心，解放和发展农村生产力，实现中国农业现代化。

农村是个社会，内含经济、政治、文化等多个维度，其中经济是基础。农村民主政治的发展、乡村文明的提升、农业农村生态环境的改善等，都以经济的发展为基础，为物质保障。对于这一点，不仅要从理论高度认识，还要落实到实践中。农业农村工作极为重要，农业农村中的工作是重中之重。要从国际国内两个角度，思考农业农村经济发展问题。

在我国，长期存在的城乡不平衡问题体现在多个方面，其中人们最为关注的是城乡收入差距问题，而这一问题的背后是农业农村经济薄弱的问题。《2014 年国民经济和社会发展统计公报》数字显示：全年全国居民人均可支配收入 20167 元，比上年增长 10.1%，扣除价格因素，实际增长 8%。按常住地分，城镇居民人均可支配收入 28844 元，比上年增长 9%，扣除价格因素，实际增长 6.8%；城镇居民人均可支配收入中位数（处于中间序列调查户的人均收入）为 26635 元，增长 10.3%。农村居民人均可支配收入 10489 元，比上年增长 11.2%，扣除价格因素，实际增长 9.2%；农村居民人均可支配收入中位数为 9497 元，增长 12.7%。全年农村居民人均纯收入为 9892 元。全国居民人均消费支出 14491 元，比上年增长 9.6%，扣除价格因素，实际增长 7.5%。按常住地分，城镇居民人均消费支出 19968 元，增长 8%，扣除价格因素，实际增长 5.8%；农村居民人均消费支出 8383 元，增长 12%，扣除价格因素，实际增长 10%。① 从解决城乡不平衡问题的角度，要重视农业农村经济的发展，将其置于各项工作的中心。

---

① 中华人民共和国国家统计局网站，http：//www.stats.gov.cn/tjsj/zxfb/201502/t20150226_685799.html。

以发展农村经济为中心，是实现社会主义新农村建设目标的需要。社会主义新农村建设任务重，目标高远，其中农业现代化是首要的目标，其具体化是生产发展。同时，农业农村生产的发展，必须围绕经济建设这个中心。

三、多途径地促进农民现代化

一个国家走向现代化的进程，是这个国家的经济现代化的过程、政治现代化（民主化）的过程和人的现代化的过程。如果没有人的现代化，那么，这个国家的现代化终将中途夭折。只有人得到全面发展、实现人的现代化，才能使生产力中最活跃、最革命的因素——劳动力的能量得到充分发挥。农民是社会主义新农村建设的主体和生力军，造就现代新型农民，是社会主义新农村建设的一个重要任务。建设社会主义新农村，着眼于农民问题的解决，需要多途径地促进农民现代化。

农业、农村、农民的现代化密切关联，如果没有其中的任一者的现代化，就不可能有其他二者的现代化。农民现代化是指农民的思想观念、生产生活方式、知识素质等符合经济现代化和社会主义民主政治发展的要求。农民实现了现代化，或者说现代化了的农民表现在农民的文明素质与现代化发展契合。农业现代化或者说现代农业最根本的标志是高效农业劳动生产率。农民现代化的主要特征在于其文明素质的整体的大幅度提高。农村现代化可以说是，新农村承载着现代农业和新式农民，现代化的农村一定是农民收入大幅度提高，广大农民过上殷实乃至富裕生活的农村。

现代化的农民与现代化发展所要求的人的文明素质相联系。要实现农民现代化，不能忽视对农民的教育和培训，这就要切实地把经济建设和社会发展转移到依靠科技进步和提高劳动者素质的轨道上来，这要关注以下几点：一是，在注重发展农村基础教育的同时，发展职业技术教育，要开展针对广大农民的职业培训，注重农民的知识技能与现代化发展相适应。二是，建设农村科技园区，大力推行农业示范基地。农村科技园区要以农业科技成果的推广为主，发挥农业示范基地的示范效应，使之成为农民素质提高的有效载体。三是，造就农业科技队伍，形成科技服务体系。传播科学技术、提高农民知识技能等素质，是农业科技人员的职责，应充分发挥农业领域专业干部的技术优势，鼓励他们进入农业农村建设基层单位，开展技术服务。

要实现农民现代化，不能忽视转变农民思想观念问题，即促使农民在思想意识上成为现代农民。传统农民的生产经营意识主要是生存理性，而现代农民在生产中需要的观念应该是经济理性。传统农民满足于一家一户的小生产，生产的目的主要是为了买，而不是为了卖，这与现代农民的要求相背离。所以，农民只有在市场经济中，在农业生产的规模经营（规模经营可以是一个家庭的，也可以是联合体的）中，即在现代的农业发展中，才能逐步变成现代农民。

现代化的农民与良好的农村社会事业的发展相联系。要实现农民现代化，不能回避农村公共基础设施及事业的发展问题，要加大国家公共财政对“三农”的投入，加快农村公共设施建设，发展农村的文化、教育、卫生等社会事业，改善农民的生产生活环境。

现代化的农民与较为发展的农村基层民主相联系。要实现农民现代化，还要发展多种形式的农民合作经济组织以及各种形式的农民社团，通过这些组织，把农民组织起来，使农民真正成为农村基层民主政治的主体。历史的实践表明，什么时候将广大农民充分组织起来，什么时候就有农民积极性的最大激发。所以，在社会主义新农村建设中，要把广大农民组织起来，形成推动农业农村发展的强大动力，同时促使农民走向现代化。

四、推进农村综合改革

社会主义新农村在改革发展中出现，又是农村深化改革的集中体现。建设社会主义新农村，应以改革为动力，而且是以农村综合改革为动力。“农村综合改革不仅涉及经济领域的改革，而且涉及政治、社会、文化等领域的改革，是一次重大的制度创新和社会变革。”① 同时，推进农村综合改革，是有限度的，这个限度以不阻碍农村生产力发展，恪守农村土地的公有，以及坚持农村基本经营制度为底线，进一步说，农村综合改革的推进应在坚持走中国特色社会主义道路上推进。农村综合改革的具体做法如下。

第一，建立高效的农村行政管理体制和运行机制。从现阶段来看，通过改革，建立高效的农村行政管理体制和运行机制，要以转变乡镇政府职能为重点，推进乡镇机构改革。“乡镇机构改革在农村综合改革中处于关键地位”②，其涉及农村上层建筑领域的改革，要整合乡镇事业站所，精简冗员，规范乡镇政府的行政行为，切实转变乡镇政府职能，提高其公共服务水平。乡镇机构改革的直接表现是“减人”、“减支”、“站所重组”等，目的在于：提高公共服务的水平和效能，从根本上要强化以下职能：一是，服务于经济发展的能力，为农村经济发展创造良好环境。二是，促进农村社会事业发展，为农民提供优质的公共服务。三是，创新社会管理，为农村社会的和谐创造条件。

从长远的角度看，“应该将新农村建设纳入国家的体制改革之中”③，逐步改革现行行政机构设置。在国家行政管理体制改革中，机构改革是一个重要方面，国家各级行政机构如何设置，对行政管理乃至中央与地方影响较大。在我国，从垂直的横断面看，机构层级太多，如果加上具有行政功能的村级单位，我国共有中央和地方六个级别行政机构。这种

① 温家宝：《不失时机推进农村综合改革　为社会主义新农村建设提供体制保障》，《求是》2006 年第 18 期。

② 温家宝：《不失时机推进农村综合改革　为社会主义新农村建设提供体制保障》，《求是》2006 年第 18 期。

③ 程建平：《新农村建设的误区分析》，《马克思主义与现实》2006 年第 5 期。

设置的结果是：在政策执行过程中，中转站过多；行政成本高，从另一个角度看，是行政低效率等问题；增加了理顺关系的难度。这样设置不利于农业农村的发展。所以，必须深度地改革行政机构，减少行政层级。尽快全面推行省直管县，推进合乡并镇工作。

第二，县乡财政管理体制改革，对社会主义新农村建设十分重要，它关系到投入新村建设的资金能否有效转移支付；关系到财政分配是否公平有效，支农资金能否高效使用；关系到县乡财政困难能否得到解决。改革县乡财政管理体制，使县乡层面上的财权与事权相匹配，“以事权定财权，以责任定财权”。① 这一点很重要。

第三，统筹推进农村其他改革。一是，推进农村金融体制改革。这就要构建新型农村金融体系，即通过财税和货币政策，引导更多的信贷资金和社会资金投向农村；坚持农业银行服务农业农村的取向；加快农村信用体系建设；等等。二是，按照有利于农村经济社会发展的要求，推进农村土地流转制度、征地制度、集体林权制度、农垦制度、水权制度的改革。三是，以农民工市民化为取向，以维护农民权益为核心，推进就业、社会保障等制度改革。四是，推进农村义务教育改革。建立起农村义务教育经费保障机制；加快农村义务教育行政部门的自身改革，从实际出发，调整农村中小学布局，提高教育资源的利用率，逐步缩小城乡义务教育差距，深化教育人事制度改革，建设较高素质的农村教师队伍。五是，不断完善村民自治制度。

五、重视科技支撑作用和组织载体的培育

推进社会主义新农村建设，不可忽视科技的支撑作用和组织制度创新的价值，科技和组织制度的创新是农村生活方式和生产方式更新的

---

① 温家宝：《不失时机推进农村综合改革　为社会主义新农村建设提供体制保障》，《求是》2006年第18期。

重要因素。

第一，科技进步对于社会主义新农村建设的重要作用主要在于：科技进步对现代农业建设的支撑作用。在社会主义新农村建设中，农业农村经济的发展面临土地资源渐减、资金资源不足、人力资源素质不高等多重资源因素的制约，同时，农业的发展面临农产品质量不高，供给有余，国内外市场竞争力低的挑战，而“科技进步是突破资源和市场对我国农业双重制约的根本出路”。① 如果不重视科技对农业基础设施和装备的武装，不向农民传送科技知识，不以先进科技服务于农业生产，农业生产只能停留在粗放经营阶段，农业的安全生产和可持续发展必将成为问题，社会主义新农村建设的战略任务将无法完成。所以，必须重视科技进步在社会主义新农村建设中的支撑作用。

首先，切实提高农业科技创新能力和科技转化能力。通过农业科技推广体系的改革和建设，提高农业科技转化能力。同时，体系是系统的、复杂的，因此，农业科技创新体系和农业科技推广体系的建设必须是周密的、全面的。就农业科技创新体系建设而言，至少应注重以下几点：一是，加大农业科研投入。二是，创设和创新农业科技研发平台或载体。例如，农业科技项目的开发、农业科技示范基地的建设、农业科技研发中心的设立，都属于此项工作。三是，发挥大专院校在农业科技研发及人才培养上的优势。就农业科技推广体系建设而言，则应关注以下问题：一是，在实践中逐步完善农业科技推广的社会化服务机制，包括经费保障机制、技术推广途径、技术推广队伍的培养等。二是，大力推进农业科技入村进户工程。“形成以技术指导员为纽带，以示范户为核心，连接周边农户的技术传播网络。”② 三是，通过政策引导，促使

① 《中共中央国务院关于积极发展现代农业　扎实推进社会主义新农村建设的若干意见》，人民出版社 2007 年版，第 9 页。

② 《中共中央国务院关于积极发展现代农业　扎实推进社会主义新农村建设的若干意见》，人民出版社 2007 年版，10 页。

农科研教机构和相关企业参与农业科技推广服务。

其次，积极发展农业机械化。20 世纪 50 年代，机械化就成为农业现代化的具体目标，尽管现阶段我国农业机械化水平有了较大提高，但与现代农业建设的要求还有距离。一方面，家庭小规模农业经营束缚了农业机械的推广与应用；另一方面，农业机械装备水平和农业机械化作业的水平确实有待提高。现阶段，积极发展农业机械化，就是要“建设农机化试验示范基地，大力推广水稻插秧、土地深松、化肥深施、秸秆粉碎还田等农机化技术”①。

再次，推进农业信息化建设。改造传统农业，建设现代农业，必须运用现代信息技术，实现农业生产各个环节的信息化。例如，更好地将地理信息系统技术、遥感技术、卫星定位系统应用于农业气象服务。再如，在激烈的国内外市场竞争中，农业信息服务平台对于农业生产和产品的销售非常重要。在实际工作中，还要关注农业信息的收集、整理和发布，建设高标准的公共农业信息库、农业信息基础设施。

此外，基于资源保护和生态环境建设的角度，应推广资源节约型农业技术。

第二，重视社会主义新农村建设组织载体的培育。任何一项任务目标的完成都需要一定的组织运作。组织本身是为了特定目标而按照一定的方式联结起来的有机体。一般来说，一个好的组织是富有组织力的，组织的力量是巨大的。在全面深化改革，实现全面建成小康社会的新时期，社会主义新农村建设是党和国家的一项战略任务和举措。推进社会主义新农村建设，是一项系统工程，涉及多层面和多维度的因素，组织载体是其中之一。

中国共产党的农村基层组织、农村行政机构、村民自治组织、农

---

① 《中共中央国务院关于积极发展现代农业　扎实推进社会主义新农村建设的若干意见》，人民出版社 2007 年版，11 页。

村社会组织、农业经济组织都是社会主义新农村建设的载体，不可忽视。

农村基层组织、农村行政机构属于公共组织，它们是围绕农村公共利益和生活而组织的。农村涉及政治、经济、文化、社会方方面面，内含广泛的公共生活和公共利益。中国共产党的农村基层组织、农村行政机构拥有一定的权力，赋有一定的责任，是社会主义新农村建设的重要载体，不可或缺。

村民自治组织属于农村非政府组织，介于农村公共组织和私人组织之间。在农村，不同形式的非政府组织逐步增量，所起的作用也在增大。其中村民自治组织是群众性自治组织，是农村最为基本的非政府组织。村民自治组织不是一级行政机构，不赋有行政权，同时它又赋有办理本村公共事务的责任。村民自治组织形成和发展于改革开放后，是社会主义新农村建设中的重要组织载体，不可或缺。

建设社会主义新农村，需要构建新型农业经营主体体系，促进农业经济组织的多样化，发展农村市场经济。农户、村集体经济组织、农业企业、家庭农场、种养大户、各种形式的农业合作社等，都是农业经济组织，都是现代农业发展中的经营主体。实现农业现代化，不能忽视农业经济组织的发展。

第四章　社会主义新农村建设中农民专业合作社的应然功能

农民专业合作社作为社会主义新农村建设中的微观组织形式，正在发挥其应有作用。同时，与其他经济组织比较，在社会主义新农村建设中，农民专业合作社又发挥了其他经济组织所不同的作用，对社会主义新农村建设极具价值。随着农民专业合作社的发展，尤其是2006年我国《农民专业合作社法》的公布及相继实施，给农民专业合作社的发展提供了前所未有的机遇。在农民专业合作社迅速发展的同时，我们应回应一个重要问题，即社会主义新农村建设需不需要农民专业合作社及其科学的发展。无论从理论上，还是从实践上，我们都不难得出一个判断，即农民专业合作社及其科学发展是社会主义新农村经济社会发展、基层民主政治建设及生态文明建设的要求及重要载体。

第一节　巩固社会主义基本经济制度的组织载体

深刻理解在农村坚持和巩固社会主义基本经济制度问题，这是把握农民专业合作社科学发展与社会主义新农村建设载体问题的一个关键。这是一个理论性较强的问题，也是一个历史和现实的问题。农村改革发展的“第二个飞跃”是在社会主义基础上实现的，同时又是在社会主义经济基础和上层建筑得以巩固的基础上实现的，统一于中国特色农业现代化建设以及社会主义新农村建设中。推进我国农业现代化，进行社会主义新农村建设，实现农村改革发展的“第二个飞跃”，应在农村坚持和巩固社会主义基本经济制度。所以，在实际工作中，发展起来的农民专业合作社必须与此呼应而不悖。

一、农村的社会主义基本经济制度

承认中国走社会主义的历史必由之路，坚持发展社会主义，巩固社会主义，这是正确看待在农村坚持和巩固社会主义基本经济制度问题的前提。对此要从历史说起，自1840年西方列强入侵中国之后，由于帝国主义军事上的入侵、经济上的掠夺、政治上的控制和文化上的渗透等，致使近代中国的民族资本力量微弱，民族资产阶级政治力量具有严重的缺陷，由此也中断了中国经由资本主义走向现代文明之路。进入近现代以后，中国的历史必由之路即经由新民主主义走向社会主义。1956年社会主义改造基本完成后，社会主义经济政治制度在我国确立起来，又由于中国社会主义建立在经济社会不发达的基础之上，这样，在社会主义改造完成后，中国进入了社会主义初级阶段。简要回顾近现代中国历史，可以明了地看出社会主义在中国的历史必然。我们只有深刻地理解这一历史必然，才能在现实中真切地坚持和发展社会主义，也才能在现实中真切地回应在农村巩固社会主义基本经济制度问题。社会主义在中国行进了半个多世纪，今天，她正以中国特色社会主义展现出自己的生机和力量。

第一，社会主义基本经济制度是社会主义生产关系的总和，也是社会主义生产关系的集中体现。从一般意义上说，经济制度是一定社会占统治地位的生产关系的总和，反映着一定社会占统治地位的生产关系及其发展要求，维护和发展有利于统治者的政治秩序和经济秩序。我们承认社会主义在中国的历史必然性，坚持和发展中国特色社会主义，就应切实地坚持和巩固社会主义基本经济制度。

从生产关系的角度看，公有制是社会主义经济制度的基础，也是社会主义有别于资本主义的本质特征，是社会化大生产的需要，是广大人民当家作主的经济基础。如果没有作为主体地位的公有制经济，就不能确保我国社会的社会主义性质及其发展方向。同时，遵循历史唯物主义，一定社会的生产力决定其生产关系，一定社会的生产关系反映着一定社会的生产力发展水平。这样，在生产关系层面，还应遵循生产力发展的实际水平及它的多层次特点。

第二，正确认识社会主义基本经济制度在我国农村的体现。我国正处于并将长期处于社会主义初级阶段，我国的基本经济制度是社会主义初级阶段上的基本经济制度。1997 年在中共十五大上，中国共产党经过长期的实践，对社会主义基本经济制度的认识有了新的提升，会议明确提出，以公有制为主体、多种所有制经济共同发展，是我国社会主义初级阶段的基本经济制度。这个认识较为客观，贴近实际。

简单地说，社会主义基本经济制度在农村的体现就是在广大农村实现以公有制为主体、多种所有制经济共同发展。理论上的阐述看似简单，事实上是一个很复杂的问题。一是，在农村，生产资料的公有，主要表现为农村社区范围内的土地的农民集体所有。二是，不是任何形式上属于共同所有的农业企业和经济组织都是社会主义的。如果农业企业和经济组织中不同的个人，对该企业和经济组织占有的生产资料具有不等的权利和利益，而且是按照个人出资多少为依据决定其权利大小或利益多寡，那么它就不符合社会主义公有制经济的基本特征。在农村，我们还不能把一些“共有”、“公众”所有名义下的经济组织，纳入社会主义公有制经济之列。三是，在农村，土地这一基本的农业生产资料主要为广大农民集体所有，实现农民在生产资料面前的平等，这便是社会主义基本经济制度在农村的集中体现。农村基本生产资料所有关系的平等，是农村社会主义公有制经济的基本体现。如果从这个角度来看，在农村，社会主义公有制经济是不完整的，急需要巩固。四是，改革开放前，计划经济体制时期的农村集体经济存在许多问题，但并不能因此就完全否定集体经济。集体所有制经济是社会主义公有制经济的主要形式，要在新的历史条件下坚持和创新集体所有制经济。集体经济是农村经济未来发展的方向，对此，邓小平指出，“农村经济最终还是要实现集体化和集约化。”①

第三，农地的公有是社会主义基本经济制度在我国农村的集中体现。我国《宪法》明确规定，以公有制为基础，多种所有制经济共同发展，是我国在社会主义初级阶段的基本经济制度。我国是社会主义国家，没有作为基础和主体地位的公有制经济，就不能坚持和发展社会主义制度。同时，我国的社会主义正处在初级阶段，发展的不平衡性明显地存在着，因此，又要适应生产力和经济社会发展的实际，发展多种所有制经济。社会主义基本经济制度在农村的具体体现，主要在于土地作为农业生产发展的基本生产资料的公有性。

在我国，坚持农地公有（主要是集体所有）性质，具有权威的理论和法律依据。从坚持“依法治国”基本方略看，2004 年十届全国人大二次会议通过的《中华人民共和国宪法修正案》规定：“社会主义的公共财产神圣不可侵犯。”“农村和城市郊区的土地，除由法律规定属于国家所有的以外，属于集体所有；宅基地和自留地、自留山，也属于集体所有。”②《中华人民共和国农村土地承包法》规定：“国家实行农村土地承包经营制度。……农村土地承包后，土地的所有权性质不变。”③此外，《中华人民共和国土地管理法》、《中华人民共和国物权法》、《中华人民共和国民法通则》、《中华人民共和国农业法》以及其他相关法律法

---

① 中共中央文献研究室：《邓小平年谱 1975—1997》（下），中央文献出版社 2004 年版，第 1349 页。

② 《法律司法解释指导案例精编 · 土地承包》，中国法制出版社 2011 年版，第 5 页。

③ 《法律司法解释指导案例精编 · 土地承包》，中国法制出版社 2011 年版，第 10 页。

规，对我国农地必须坚持集体所有制的性质都有明确规定。

我国现行法律对农地公有制规定的直接理论根据，是中国特色社会主义理论体系及其基本文献。在农村实行家庭承包责任制以后，邓小平指出："社会主义经济以公有制为主体，农业也一样，最终要以公有制为主体。"① 江泽民指出："要支持、鼓励和帮助城乡多种形式集体经济的发展。这对发挥公有制经济的主体作用意义重大。"② 党的十七届三中全会提出的一个重要论断是："土地制度是农村的基础制度。……土地承包经营权流转，不得改变土地集体所有性质"③。党的十八大强调，"要毫不动摇地巩固和发展公有制经济"，"坚持和完善农村基本经营制度，依法维护农民土地承包经营权、宅基地使用权、集体收益分配权，壮大集体经济实力"④。2013 年中央一号文件再次要求："因地制宜探索集体经济多种有效实现形式，不断壮大集体经济实力。"⑤

既然党的基本理论和国家法律对农地集体所有制都有如此明确的论断和规定，那么，它们作为我国农村经济和政治生活的理论指导、法律规范是不能突破的，要求全党全国人民必须遵循和贯彻落实，而不允许随意更改。

第四，在农村，坚持农地的公有原则，坚持和巩固社会主义基本经济制度十分必要。我国是社会主义国家。"中国特色社会主义是当代中国发展进步的根本方向，只有中国特色社会主义才能发展中国。"⑥ 社

① 中共中央文献研究室：《邓小平年谱 1975—1997》（下），中央文献出版社 2004 年版，第 1349 页。

② 《江泽民文选》第二卷，人民出版社 2006 年版，第 20 页。

③ 《推进农村改革发展若干重大问题学习问答》，新华出版社 2008 年版，第 20 页。

④ 胡锦涛：《坚定不移沿着中国特色社会主义道路前进　为全面建成小康社会而奋斗》，人民出版社 2012 年版，第 20、23 页。

⑤ 《中共中央国务院关于"三农"工作的一号文件汇编》（1982—2014），人民出版社 2014 年版，第 266 页。

⑥ 胡锦涛：《坚定不移沿着中国特色社会主义道路前进　为全面建成小康社会而奋斗》，人民出版社 2012 年版，第 13 页。

会主义新农村建设和农业现代化是中国特色社会主义现代化建设的重要组成部分，即统一于中国特色社会主义的伟大实践，又有其特定的任务和目标。

首先，坚持农地的集体所有是坚持农业农村公有制经济主体地位的必然要求，有利于确保农业农村发展的社会主义方向。马克思主义经典作家从来不认为生产资料私有制是社会主义经济基础的基本内容。公有制是社会主义生产关系的核心和集中体现，是社会主义经济制度的基础。坚持公有制为主体、多种所有制经济共同发展，是我国现阶段的基本经济制度。

改革开放后，我国为适应农业生产力发展水平和农村实际，在坚持农地集体所有的前提下，普遍实行了家庭承包经营制度。同时，允许、支持和引导农村非公有制经济的存在和发展。必须肯定，农民家庭承包经营以及非公有制经济对我国农业农村经济社会的发展发挥了重大作用。因此，以农民家庭承包经营为基础的基本经营制度必须长期坚持，但是，也必须承认家庭承包经营的一家一户特点、农村集体经济组织萎缩和集体资产流失的客观事实。可以说，我国社会主义初级阶段的农村公有制经济是不完整的，虽然这是一定历史条件的必然产物。但从农业农村长远发展来看，这不是要以私有制完全替代公有制，而是在允许非公有制经济存在和发展的同时，逐步壮大和发展农村集体经济，以确保农业农村发展的社会主义方向。这种集体经济以土地等生产资料的集体所有为基础，是农村公有制经济的基本形式。故而，坚持农地的集体所有，是坚持农业农村公有制经济主体地位的必然要求，是坚持农业农村发展社会主义方向的制度保障。

其次，农地的集体所有是中国特色社会主义制度体系的组成部分，二者是整体与部分的关系。同时，中国特色社会主义制度体系是多项制度的联结，各项制度之间互为关联，农地的集体所有与社会主义初级阶段基本经济制度是耦合的，它有利于中国特色社会主义制度建设。反之，农地私有化与社会主义初级阶段基本经济制度在本质上是互斥的，会导致基本经济制度发生性质上的变化。

“制度实质上是生产关系及其所体现的社会关系的产物，是生产关系及其所体现的社会关系的凝结和固化。制度规范和调整人的行为及社会关系。”① 马克思、恩格斯指出：“在生产、交换和消费发展的一定阶段上，就会有相应的社会制度、相应的家庭、等级或阶级组织”②。“国家，政治制度是从属的东西，……经济关系的领域是决定性的因素。”③ “各种特权、行会和公会的制度、中世纪的全部规则，曾是唯一适应于既得的生产力和产生这些制度的先前存在的社会状况的社会关系。”④ 因此，制度是分层的，有深层、浅层的制度差别和制度安排。

在中国特色社会主义制度体系中，农地制度属于深层次的制度，它直接体现我国的基本经济制度，必须保持其连续性和稳定性。因为深层次土地制度的实质性的变动，必将引发我国基本经济制度的实质性的变化以及其他相关制度的变化。此外，如果农地私有化了，还会影响城市土地国有性质，从而严重影响中国社会主义从初级阶段向更高阶段发展。

再次，坚持农地的集体所有，是农民共同富裕的前提、基础和保障。促进农民增收，大量减少和消除农村贫困人口，缩小城乡和地区差距，逐步实现共同富裕，是社会主义新农村建设的基本要求，是社会主义本质的要求和体现，是中国特色社会主义的根本原则。

共同富裕与剥削、两极分化相悖，而剥削和两极分化存在的基础是私有制。改革开放以来，农村社会快速分化，我国农村贫富差别不断扩大，而“造成财富和收入分配不公的最根本原因，是所有制结构发生

---

① 马桂萍：《马克思恩格斯制度观及其对社会和谐发展的重要价值》，《当代世界与社会主义》2011 年第 1 期。

② 《马克思恩格斯选集》第 4 卷，人民出版社 1995 年版，第 532 页。

③ 《马克思恩格斯选集》第 4 卷，人民出版社 1995 年版，第 251 页。

④ 《马克思恩格斯选集》第 4 卷，人民出版社 1995 年版，第 533 页。

了根本性变化。……所有制结构上和财产关系中的‘公’降‘私’升和化公为私，财富积累日益集中于少数私人，才是最根本的”[①]。所以，坚持农村基本生产资料土地的集体所有，是一个根本的原则问题，不能否定和突破。

此外，农地的集体所有与农业生产的市场化相适应。关于市场经济的制度关联问题，邓小平在1992年“南方谈话”和党的其他文献中都有明确阐述，即社会主义也可以搞市场经济。但农地私有化论者认为，农地集体所有与市场经济不相融，在农村发展市场经济必须改掉农地的公有性质。事实上，以农地集体所有为基础的集体经济单位（组织），与市场经济具有天然的适应性：一是，其所有者人格化为“法人代表”。二是集体经济单位（组织）在市场经济中与其他经济单位（组织）同台竞争，在改革开放中所探索和涌现出的江苏华西村、陕西三元村、河南南街村等适应社会主义市场经济发展的要求，大力发展村办集体经济，发展农业、工业、服务业，已成为发展农村集体经济的典型。这些都表明，规模化的新型集体经济是具有可行性的。

中国农村改革实践经验表明：在社会主义公有制基础上，坚持农地的集体所有，农业生产资料、农业技术、资金、劳动力等各种要素资源的流动性增强，市场的资源配置作用也在不断增强，作为农业农村发展的组织载体，农户、各类合作经济组织、农业企业等都自由地进入市场。在农地集体所有的基础上，农地产权不断细化，使农地使用权得以进入市场进行有序流转，从而逐步适应市场经济的不断发展。

二、在农村巩固社会主义基本经济制度的体现

第一，农民专业合作社的科学发展有利于坚持土地等基本农业生产资料为集体所有，从而在农村巩固社会主义基本经济制度。马克思主

---

① 程恩富、张建刚：《坚持公有制经济为主体与促进共同富裕》，《求是学刊》2013年第1期。

义经典作家曾指出："共产主义是扬弃了的私有财产的积极表现；起先它是作为普遍的私有财产出现的。……私有财产关系仍然是共同体同实物世界的关系。"①"社会所有制涉及土地和其他生产资料，个人所有制涉及产品，那就是涉及消费品。"②毛泽东也不否认"私"的存在，即"公是对私来说的，私是对公来说的。公和私是对立的统一，不能有公无私，也不能有私无公。我们历来讲公私兼顾"③，但马克思主义经典作家从来都没有将私有制作为社会主义的基本特征，我国在社会主义初级阶段，允许非公有制经济的存在，是由现实生产力发展水平决定的，同时是中国特色社会主义发展的策略需要。私有制不是社会主义的，私有制量过大也不是社会主义的。邓小平明确提出，社会主义的本质是解放生产力，发展生产力，消灭剥削，消除两极分化，最终达到共同富裕。共同富裕与剥削和两极分化相悖，而剥削和两极分化存在的基础是私有制。一言以蔽之，只要坚持走中国特色社会主义道路，不能更改的经济基础即是社会主义公有制的主体地位。

由此，在农村，土地等基本农业生产资料为集体所有，内在地要求农民专业合作社有利于农民共同富裕，有利于合作社公共积累的增量，有利于农村集体经济的发展，有利于土地等基本生产资料的集体所有不断得到巩固。这实质上要求农民专业合作社的科学发展。如果农民专业合作社的发展导致它内部少数社员的富裕，农民专业合作社的成果不能为所有社员公平地共享，或者社员受制于某一农业企业或公司的盘剥而沦为其打工者等等，那么这样的农民专业合作社既不能使广大社员满意，又不能在农村巩固和发展集体经济，还不能使农民专业合作社得到长足、健康、规范的即科学的发展。

事实上，自20世纪90年代以来，农村启动的股份制改革，使原

① 《马克思恩格斯全集》第3卷，人民出版社2002年版，第295页。

② 《马克思恩格斯选集》第3卷，人民出版社1995年版，第473页。

③ 《毛泽东文集》第八卷，人民出版社1999年版，第134页。

本实力不强的农村经济遇到“台风”，大量集体财产流失，一些村集体经济组织被股份化后，逐步成为民营农业企业或公司。由此，农村集体经济逐步地“空洞化”，社会主义初级阶段的基本经济制度在农村遇到挑战。目前，在坚持中国特色社会主义，坚持社会主义初级阶段基本经济制度的语境下，农村土地的公有一直固守着，尽管如此，理论界仍存在着土地私有化的思潮，而且声音不低。对此，我们既要保持清醒的认识，还要固守原则。同时，通过农民专业合作社的科学发展以及其他途径，振兴农村集体经济，在农村巩固社会主义基本经济制度。

农民专业合作社作为互助合作经济组织，“是一种兼有企业和共同体属性的社会经济组织”，[①] 其包容性较大，可以成为农村坚持以公有制为基础的突破口：一是，农民专业合作社不可分割的公共积累表明，它在一个组织内实现了生产资料的共有。二是，“农户经济是我国专业性合作经济发展的起点和基础”，[②] 而我国的农户经济是建立在土地集体所有、家庭承包经营基础上的，这样，农民专业合作社的发展不悖于家庭承包经营制度，也不悖于社会主义公有制。当然，正因为农民专业合作社的包容性较大，也决定了其摇摆性较大，它也可以和私有制联结，国外资本主义国家农业合作社的发展确证了这一点。所以，发展中国特色社会主义，建设社会主义新农村，必须引导和规制农民专业合作社，向着有利于坚持和巩固社会主义基本经济制度的方向发展。

第二，农民专业合作社是农村合作经济发展的组织载体，它与社区性集体经济、民办涉农企业、农户等共同构成了农村经济的多元主体。在社会主义初级阶段，我国的基本经济制度坚持以公有制为主体，同时坚持多种所有制经济共同发展。所以，在现阶段的农村，必然存在

---

① 黄祖辉、赵兴泉、赵铁桥：《中国农民合作经济组织发展：理论、实践与政策》，浙江大学出版社 2009 年版，第 77 页。

② 曹阳：《当代中国农村微观经济组织形式研究》，中国社会科学出版社 2007 年版，第 365 页。

着多种所有制经济形式。农民专业合作社的存在和发展，代表了新时期农业合作化，有的学者直接称农民专业合作社为“新农合”或“新型农民合作经济组织”。应该值得注意的是，农民专业合作社的科学发展是合作经济的发展，与农村集体经济发展呼应相容，为农村改革发展实现“第二个飞跃”创造条件。

在此，还应值得注意的是，实现农民专业合作社的科学发展，要避免重蹈历史覆辙，即避免出现在20世纪50年代人民公社化运动中，以人民公社组织覆盖了农村其他经济、政治及社会组织的现象。今天，农民专业合作社快速发展，但它的发展并不意味着对农村其他经济组织的替代或覆盖，不意味着农村经济组织多样性的衰弱，否则，就是对多种所有制经济共同发展这一原则的否定，这是必须引起重视的问题。

第二节　创新农村基本经营制度的组织载体

一、创新农村基本经营制度的必要性

农民专业合作社作为农业农村的新型经营主体，同时作为合作经济组织，不仅有利于农村经营制度的完善和创新，而且坚持了农村基本经营制度的基础，即农地的公有（主要是集体所有）。

改革开放后，为适应市场取向的改革，为适应农业生产的特点，为激发农民的生产积极性，在实践中，我国逐步形成了以家庭承包经营为基础、统分结合的双层经营体制。同时，“制度实质上是生产关系及其所体现的社会关系的产物，是生产关系及其所体现的社会关系的凝结和固化”①，因此，制度是指向人的，“人为满足自身的生存发展而进行

① 马桂萍：《马克思恩格斯制度观及其对社会和谐发展的重要价值》，《当代世界与社会主义》2011年第1期。

物质资料生产，从而形成一定的生产关系及相应的社会关系，并由此生成相应的社会制度。”[①] 改革开放之初，安徽小岗村的农民，为满足生存和发展需要，大胆地进行制度创新，实行土地的家庭承包经营，随后由于这一做法克服了原有农村人民公社大呼隆式集体统一经营的低效，并适应了当时市场取向的改革，作为农村新的经营制度设计，家庭承包经营很快在全国得到推广并确立起来。

土地的家庭经营使农民拥有独立的土地经营权和使用权，使得农民的生产积极性得到极大的激发，农业生产释放出巨大能量，这主要体现在 1982 年、1983 年、1984 年等连续几年的农业高产，当时各地普遍增建国有粮库就是农业增产的体现。可是，协作、合作、共同活动是社会所应然的，也是人生存和发展的需要，马克思指出：“人们在生产中不仅仅影响自然界，而且也互相影响。他们只有以一定的方式共同活动和互相交换其活动，才能进行生产。”[②] 所以，在农村土地承包给农民，实行分散的家庭经营后，农业生产发展随即出现了新的问题，诸如农民分散家庭经营需要通过村集体或农民之间的合作来解决的技术服务、信息服务、公共设施使用等问题。从事家庭经营的农户如果不以某种方式与其他农户联结起来，共同交互活动，农民家庭经营则难以持续。事实上，在普遍推行农民家庭承包经营后的几年，有些地区开始出现各种形式的农业生产服务队或专业协会等组织。这说明家庭承包经营虽然符合农业生产多变、与自然依赖性强的特点，但有其自身无法克服的缺陷。由此，在农村改革实践中，先是土地家庭承包经营的推行，随后为弥补家庭经营的缺陷，在实践中，逐步形成了以家庭承包经营为基础的统分结合的双层经营体制。

---

① 马桂萍：《马克思恩格斯制度观及其对社会和谐发展的重要价值》，《当代世界与社会主义》2011 年第 1 期。

② 《马克思恩格斯选集》第 1 卷，人民出版社 1995 年版，第 344 页。

同时，随着实践的发展，土地承包关系的稳定使以农民家庭承包经营为基础的农村经营制度稳定下来，但在农村集体统一经营这一层面，农民有生产经营上“统”的需要，但将处于分散的原子化生产经营状态下的农民组织起来，满足农民统一经营的需求又很难，同时也没有找到所谓“统一经营”的最佳途径。这使统分结合的双层经营中的“统”一直处在“虚化”状态。这样，“在中国农村的许多地方，实际上双层经营中只有农户单一层次的经营，农村集体这一层面上的经营基本上处于空白或无所作为状态。”①

二、拉动农村基本经营制度创新的体现

我国现有的广大农村所实行的以家庭承包经营为基础、统分结合的双层经营体制，是以农地及其农业基本设施的集体所有制为前提的，应该长期坚持不变。现在需要完善的方面在于：家庭分散经营比较到位，而统一经营在很大程度上被搁置和虚化。因此，应该在充分发挥家庭经营优势的同时，逐步创造条件，加强生产经营的“统”的一面。为推进农业经营体制创新，激发农村新的活力，建设社会主义新农村，2008 年中共十七届三中全会提出，“家庭经营要向采用先进科技和生产手段的方向转变，增加技术、资本等生产要素投入，着力提高集约化水平；统一经营要向发展农户联合与合作，形成多元化、多层次、多形式经营服务体系的方向转变，发展集体经济、增强集体组织服务功能，培育农民新型合作组织，发展各种农业社会化服务组织，……着力提高组织化程度。按照服务农民、进退自由、权利平等、管理民主的要求，扶持农民专业合作社加快发展，使之成为引领农民参与国内外市场竞争的现代农业经营组织。”② 由此可知，中共十七届三中全会着力强调，在农

① 周晓东：《农村集体经济组织形式研究》，知识产权出版社 2011 年版，第 2 页。

② 《推进农村改革发展若干重大问题学习问答》，新华出版社 2008 年版，第 19 页。

村统分结合双层经营体制中的“统”的方面的加强，以及明确了“统一经营”的创新及强化，要在提高农民的组织化，尤其是在扶持农民专业合作社发展上努力。这是因为，“以农产品生产和营销专业户为主体的农民专业合作组织的发展代表了中国农业基本经营制度的发展方向，正在成为农业产业化经营当中最富有生命力的一种组织形式。”①“新型农民专业合作组织的发展，是对农村统分结合的双层经营体制的丰富和完善，是我国农村基本经营制度的一个创新，也是实现邓小平同志提出的中国农业‘第二次飞跃’的重要突破口，完全符合发展现代农业的客观规律和必然要求。”②

农民专业合作社是改革开放后市场取向改革及社会主义市场经济发展的产物，是农民应对市场的自愿、自觉行为的结果。土地承包使农民原子化，市场促使农民走向互助合作，农民专业合作社是提高农民家庭承包经营效率的内在需要。农民专业合作社及其科学发展，能够在促进农业生产发展的同时，实现农业生产的规模化，在一定程度上实现了农业组织制度的创新，改善了农村普遍存在的以农户为经济组织的现实，对将来农村新的集体化及公有制新的实现形式意义深远。

农民家庭经营是农民专业合作社形成的基点，它是适应农民家庭经营的需要而产生的，但它未来的生命力不仅仅在于克服家庭经营的不足，而是在于它能成为农村经济组织的主体，并与新的农业集体化相容。目前，农民专业合作社实现了农民在家庭经营中某一环节的合作，是农民家庭经营基础上的合作。从这个意义上说，农民家庭经营是主要的，合作经营仅是弥补家庭经营的不足。对此，要肯定农民专业合作社的运营给予家庭经营的效益，但从长远的意义而言，农民专业合作社的

---

① 张晓山：《推进社会主义新农村建设》，《人民论坛》2005 年第 10 期。

② 黄祖辉、赵兴泉、赵铁桥：《中国农民合作经济组织发展：理论、实践与政策》，浙江大学出版社 2009 年版，第 7—8 页。

生命力在于它有效促进农业农村改革发展“第二个飞跃”的实现，要将农民专业合作社的科学发展与农业农村改革发展“第二个飞跃”的实现联结起来，将农民专业合作社作为“第二个飞跃”实现的组织载体和途径，对农民专业合作社增进社员的共同利益，对它所蕴含共同致富思路，对它拥有的合作精神，对它能够容纳现代农业生产要素，对它与集体经济的兼容性等等，要加以特别关注和引导，使其真正为农业农村改革发展“第二个飞跃”的实现，创造条件，发挥作用。确切地说，农民专业合作社能否富有生命力，与它对集体经济发展的作用如何，对农业产业化、集约化、现代化的作用如何密切相关。作为合作经济组织，农民专业合作社既要促进农业农村经济社会的发展，又要在农村巩固和完善社会主义生产关系和上层建筑。所以，农民专业合作社的发展能否有利于农业的集体化、集约化和规模化，是其是否拥有持久生命力的关键所在。农民专业合作社有利于农业的集体化、集约化和规模化，体现了它对农村改革发展的贡献力，这种贡献力即是农民专业合作社的生命力。

当前，农民专业合作社主要实现了农民在生产经营上某个环节或几个环节上的合作，为农户经营提供生产环节上的服务。随着农业生产力尤其是农业产业化的发展，农业生产环节的集合及生产一体化趋势凸显，农民专业合作社的运营将体现为集体统一经营的趋势，正如中共十七届三中全提出，“统一经营要向发展农户联合与合作，形成多元化、多层次、多形式经营服务体系的方向转变，发展集体经济、增强集体组织服务功能，培育农民新型合作组织”。① 但未来农业的集体化不是计划经济时期农业集体化的回归，而是农业生产力较为发达基础上的集体化，是农业发展方式根本转变条件下的农业集体化。

---

① 《十七大以来重要文献选编》(上)，中央文献出版社 2009 年版，第 674 页。

第三节　农村先进生产力的组织形态

农民专业合作社和农户、农业企业等一样，都是农村市场经济的主体，而且就农业农村现代化发展以及社会主义新农村的建设而言，首先要发展生产力，农业的发展需要先进生产力的组织形态。农业生产力的提升集中体现在生产者、生产工具以及生产组织的现代化，而农民专业合作社则是农村先进生产力的组织形态。这主要在于：

一、为农业现代化创造条件

现代化到底给人类带来了什么？不管人们对这个问题有多少不同的认识，但有一点是没有争议的，即现代化已经成为世界发展的趋势。作为现代化的一个支流，农业现代化也是世界各国农业发展的趋势。在当今世界，有的国家已经实现农业现代化，有的正在由传统农业向现代农业转变。现代农业是与传统农业相比较而言的，发展现代农业，就是改造传统农业，具体地说，就是以现代的农业生产要素改造传统农业，使农业的效率、素质和竞争力明显提高。农业现代化是一个动态的发展过程，在不同的历史时期，农业现代化有不同的内涵。今天，理论界一般把农业现代化理解为由传统农业向现代农业的转化过程，即农业日益由现代工业、现代科学技术、现代管理手段武装起来，机械化、信息化、水利化、标准化、电气化、化学化等都是农业现代化的体现。我国农业现代化建设任务艰巨，2010 年中央一号文件提出，工业化、城镇化和农业现代化同步推进，建设社会主义新农村。可见，农业现代化在经济社会发展全局中占有重要位置。实现农业现代化也需要组织制度的创新，因此，农民专业合作社及其科学发展是农业现代化的要求。

生产力是社会发展的最终决定力量，发展才是硬道理，“发展现代农业是社会主义新农村建设的首要任务，……必须把建设现代农业作为贯穿新农村建设和现代化全过程的一项长期艰巨任务”①。物质资料的生产是人类社会存在和发展的基础，发展现代农业，实现农村生产发展，是社会主义新农村建设的中心环节和基础性目标。如果没有农业生产及农村经济的发展，那么社会主义新农村建设的其他目标（生活宽裕、乡风文明、村容整洁、管理民主）就失去了物质基础。就建设社会主义新农村，发展现代农业，实现农村生产发展这一目标而言，具体到农业上，就是确保农产品的有效供给，保证国家粮食安全，保障农民增收，使农业具有较高的国际竞争力；就建设社会主义新农村，促进农村经济发展而言，即合理调整农村产业结构，实现农村一、二、三产业的协调快速发展。但是，农民一家一户的土地小规模分散经营不在农业现代化之列，以农户为依托，无以实现农业的现代化。实现农业现代化，必须要实现农业生产经营的规模化。所以，适应农业现代化发展的要求，要创新农村组织制度，形成有利于农业生产经营规模化的组织制度。农民专业合作社的创建及发展，是农村组织制度创新的体现。如果它能够健康、规范、科学地发展，那么农民使用农民专业合作社的服务量则不断增加，并能为农业现代化的发展提供条件。

第一，农民专业合作社的发展有利于农村土地整合以及农地的规模经营。例如，“河南省罗山县东铺乡农民许玉强、杨安清等发起成立了双马农业专业合作社和双龙农机专业合作社，目前农业专业合作社流转土地1265亩从事粮食、瓜果、蔬菜种植，农机专业合作社服务能力达到机耕9000亩、机收8000亩。绥化市种植业专业合作社经营土地达70.7亩。青冈县兴农海农机合作社流转土地进行玉米高产创建，经营规模达4000亩。”②村集体依托农机合作社等组织，将那里的农户土地反

① 《中共中央国务院关于积极发展现代农业　扎实推进社会主义新农村建设的若干意见》，人民出版社2007年版，第2页。

② 农业部课题组：《农业农村经济重大问题研究》（2010），中国财政经济出版社2011年版，第118页。

包后，实行统一经营。黑龙江省克山县“北联镇新兴村利用国家支持的价值 100 万元的农机具建立农机专业合作社，2004 年依托农机合作社的大机械优势，在依法、平等、自愿、有偿的前提下，以每亩 160 元的价格把全村 2.13 万亩耕地流转到村集体统一经营，年均增加农民收入 2000 万元。……目前，北联镇已有 4 个村实现整村规模经营，耕地面积达到 6.5 万亩。”①

第二，农民专业合作社的发展有利于农业产业化的发展，对于转变农业发展方式，实现农业生产的集约化，具有重要价值。现代农业生产由一系列产业链条构成，现代农业是以科学技术为基础的发展方式，农民专业合作社是农业现代化的重要力量。农民参加农民专业合作社，使农业生产专业化程度提高，同类农产品生产的分工协作增强，使农业生产由依靠自然资源向以依靠科学技术为基础转变。农民专业合作社不仅有利于农民分享农业生产各个链条上的成果，而且使农民融入现代农业组织方式中来，农民通过专业性合作经济组织，提高生产效率，向市场提供标准化、有竞争力的农产品。“在我国，农民专业合作经济组织在推进农业现代化，促进农业的标准化、品牌化、专业化方面开始显示出其重要作用。”②

此外，农业现代化不仅需要科技进步与创新，需要转变发展方式，还需要农业组织的创新，农民专业合作社的发展体现了农村组织创新，是在新的历史条件下农村合作化的重要体现。从其现实的功能来看，农民专业合作社是农业现代化和农业产业化不可缺少的组织力量。促进农民专业合作社的科学发展，必将深入地参与到农业现代化和农业产业化经营中去。

第三，农民专业合作社是农业科技成果转化为现实生产力的组织

---

① 农业部课题组：《农业农村经济重大问题研究》(2010)，中国财政经济出版社 2011 年版，第 119 页。

② 苑鹏：《农民专业合作经济组织发展的未来展望》，《农村经营管理》2008 年第 11 期。

载体，同时也是农业科技进步和创新的载体。绝大多数农民专业合作社的“专业”是有科技含量及要求的，没有科技的支撑，合作社很难得到长足的发展。在实际中，一些以信息服务为主要内容的农民专业合作社，没有现代信息技术的支撑，则无以运营；一些生产同类农产品的专业合作社，需要完善产品的质量标准，提高农产品加工技术及质量，进行规范化生产经营，甚或注册品牌商标等等，这些同样离不开科技的支撑。

农民专业合作社具有农业科技推广及创新的组织优势，即农民专业合作社传导农业实用技术，成为农村实用人才培养的摇篮。与其他农业科技推广组织不同，农民专业合作社是集农业技术的推广及使用于一身，由于技术的推广使用与农民的利益密切相关，因而效果显著。由于加入农民专业合作社的社员有着共同的技术需要，因此，在这一组织中农业科技推广的成本较低。此外，农民专业合作社集所有者、服务者于一体，互助合作及民主管理使其与其他农业公司制企业有所不同，因为农业科技推广代表和符合农民专业合作社社员的共同利益，因此，农民专业合作社社员能够主动地参与科技推广。

二、体现农业生产组织现代化的趋向

第一，农民专业合作社体现了农业基本经营制度的创新，以及农业生产组织的现代化趋向。在坚持以家庭承包经营为基础，统分结合的双层经营体制下，农民专业合作社根据农户的需要展开多种形式的合作，这既能克服农业生产家庭经营的分散化、原子化局限，提高农户家庭经营的集约化水平，又能促进农户的联合与合作，推进农业生产的规模化经营，遏制“双层经营”在“统”的层面被空洞化和虚化的趋势，创新农业经营体制机制，促进农村经济发展，并缓解和弥补农村经济尤其是农业弱化问题。同时，因农民专业合作社提取不可分割的公共积累，或者保留一部分公共积累，从而增量农民专业合作社的公共财产，因此，农民专业合作社从一个新的侧面缓解和弥补了当前农村集体经济被虚化的问题。

第二，农民专业合作社克服了农户生产规模狭窄、分散经营的不足，同时其在专业化、规模化经营中使用先进的生产工具，运用先进的农业科技，并在发展中促进农业科技创新。

农民专业合作社成为带动农户实施农业专业化、标准化的主要力量。农民分散的家庭经营难以实现农业生产专业化，农产品的标准化难以得到认证，通过农民专业合作社，形成农业生产的互助合作力量，可以实现农业生产的专业化、标准化生产。“农民专业合作社已成为推动农业标准化生产的主力军，在农业部2010年2月确定的第一批819个园艺作物标准园创建单位中，有371个是农民专业合作社，达45%。目前，全国已有4万多家合作社执行了农产品生产质量安全标准，有2.6万家合作社拥有自主注册商标，1.8万多家合作社取得了无公害、绿色、有机等‘三品’认证。”①

在生产力诸要素中，劳动者是最活跃、最革命的因素，而农民专业合作社的科学发展将使其成为培育现代农民，实现农民现代化的组织平台。所以，农民专业合作社及其科学发展是培育现代农民，实现农民现代化的需要。建设社会主义新农村的过程是农业农村农民现代化水平不断提高的过程，长期以来，中国共产党、政府和社会普遍关注农业生产的现代化，相对而言，农村的现代化次之，农民的现代化再次之。所以，必须在建设社会主义新农村中，关注“三农”现代化。而实现农民的现代化有多种途径和手段，其中，通过一定的组织载体加速农民现代化进程是非常重要的。因为现代农业农村发展所需要的现代农民应该是：具有较高思想道德水平、现代文明素养以及专业技术素养的劳动者，是有文化、懂技术、会经营、具有现代市场竞争意识及判断能力的

---

① 农业部课题组：《农业农村经济重大问题研究》(2010)，中国财政经济出版社2011年版，第148页。

新型农民。要造就这样一支庞大的新型农业生产者及农村建设者队伍，没有组织的力量是难以实现的。

在农民的社会化、现代化过程中，农村众多经济、政治、社会组织发挥着不同的功能作用，其中农民专业合作社尤为重要：一是，农民专业合作社具有教育培训功能，并在发挥这一功能中促进农民的现代化。发展教育、培训事业，是世界上所有合作经济组织所必须遵守的原则，农民专业合作社成立后，应通过选举产生代表，专门负责农民专业合作社的教育培训事业，以推动农民专业合作社的发展。二是，在农民专业合作社的教育培训和指导下，社员的生产观念和生产方式有所转变，社员的小生产习惯和观念得到改造。三是，农民专业合作社具有对农民开展教育培训的优势资源，一方面，对农民的教育培训是社会主义新农村建设的一项重要任务，有政府的大力支持，政府培训资源的优势可以得到运用；另一方面，农民专业合作社是农民的组织，互助合作是组织的基点，这一组织也只有不断学习、富于创新，才能得以发展，也就是说，通过农民专业合作社的运营、文化活动，传播团结合作、注重学习、关心社区、共同富裕的价值理念、民主意识等。所以，农民专业合作社对于塑造现代农民，具有重要意义。

总之，农民专业合作社作为农村先进生产力发展的组织形态，具有重要意义。

三、以专业化运作增加农民收入

社会主义新农村建设不是单纯地追求农业生产发展，而是在农业生产发展的同时，致力于农民收入的增加、农民生活水平的提高等。农民收入的增加、农民生活水平的提高是农业生产发展的归宿。改革开放后，虽然农民收入总体呈上升趋势，但与城镇居民比较，农民收入偏低的现实长期没有扭转。所以，农民收入问题不仅仅是一个经济问题，还是一个社会问题，涉及城乡统筹发展的问题，正因为如此，农民收入问题是社会主义新农村建设的关键性问题。同时，审视增加农民收入的途径，可以清晰地看到农民专业合作社及其科学发展的重要作用。从总体上看，组织农民专业合作社的出发点是农民的互助合作，并经过农民的互助合作达到自助，提高农民的市场竞争力，从而增加农民的收入。具体的说，主要在于以下几点：

第一，提高农民抵抗经营风险能力的组织力量。作为经济组织，效益一定是该组织存在的重要目的，没有效益意味着农民专业合作社没有盈余，社员也就无法提取公积金，从而不能实现盈余返还。无论是信息技术咨询服务，还是生产经营，农民专业合作社都是为了增进社员的经济利益，发挥其经济组织应有的经济功能。

改革开放前，人民公社是农村基本经济组织，在它存在的20多年历史中，虽然发挥了有限的正向作用，但主要的还是它的负面影响。改革开放后，农村经济组织发生重大变化，实行家庭承包经营，从而出现了农户这一自主经营的经济组织，同时，随着家庭承包经营的普遍推广，农户成为农村数量最多、作用最大的经济组织，并最终取代了人民公社。在农村改革中，除了农户这一经济组织得到巨大发展外，集体性乡镇企业在20世纪80年代中期迅速兴起，到90年代，其发展面临挑战。此外，在允许多种所有制经济共同发展的政策背景下，农业企业（公司）作为现代经济组织，在20世纪90年代兴起，之后发展迅速。改革开放后，农村传统的互助合作经济组织虽有些变异，但还犹存，诸如农村信用合作社、供销合作社。在实践中，农村还形成了新的形式多样的合作经济组织，如社区性合作经济组织、农民专业合作社等。

可以说，在市场取向改革以及发展社会主义市场经济的条件下，我国农村经济组织从单一向多元演进，农村已呈现多元经济组织并存的发展态势。经济组织是为经济效益而组织，又因经济效益而发展，但是不同类型的经济组织有所不同。农户经济规模小、较为分散，其抗风险能力小，但较为灵活。乡镇企业作为农村第二产业发展的载体，代表了农村产业结构调整及发展的方向，容纳着一定的现代生产力要素，并具有社区集体性特征。农业企业（公司）体现着现代企业制度，生产规模及技术水平相对较高。农民专业合作社作为互助合作经济组织，属于特殊性企业，它既有经济功能，还有社会政治及文化功能，但主要的是它为社员服务的功能。

在家庭承包经营的基础上，分散的农民在信息不对称的国内外市场面前处于劣势，竞争力较低。农民专业合作社将分散的农民组织起来，使之成为具有集体意义的力量；在市场竞争中，农民专业合作社更以集体的组织力量提高农民的市场谈判地位。所以，农民专业合作社是提高农民抵抗经营风险能力可依托的组织力量。尤其是农民专业合作社的集体行动，有利于农产品质量安全保障，因为农民专业合作社的产品及服务一旦出现问题，那将是集体的问题，集体中每一个社员的利益将会受损，这样农民专业合作社对农户农产品的质量安全有一定规制，并由此促进农民增收。这对农民规避市场风险，促进农业增产和农民增收，具有特殊意义，是其他农民增收途径所不能替代的。

第二，以专业化运作增加农民收入。只有农民专业合作社得到科学发展，才能凸显该组织的“专业”特性及其作用，并通过其专业化运营，增加农民收入。农民专业合作社是同类农产品的生产经营者或者同类农业生产经营服务的提供者的联合，这说明农民专业合作社的“专业性”，例如，有的农民专业合作社专门生产西兰花，有的则专门生产芹菜。这样，通过农民专业合作社针对某一农产品采用新技术、新品种，使同类农产品的生产标准化水平提高，技术含量增加，农产品的品质得到提升。同时，农民专业合作社是农民与市场的联结载体，是农民应对激烈市场竞争的一个缓冲带。

农民专业合作社得到科学发展，其运营态势良好，能降低农民分散家庭经营所需成本。随着农民专业合作社的发展，其涉足领域在不断拓展，“从生产环节看，农民专业合作社逐步由种植、养殖等传统环节向销售、运输、贮藏、加工等高附加值环节延伸。”① 农民专业合作社服务内容不断扩大，“农民专业合作社逐步从起步时的技术互助、信息传播，扩展到资金、技术、劳动等多方面的合作，从生产服务逐步向生产、流通、加工一体化经营发展。据统计，从事产加销综合服务的占56%，以运销、仓储服务为主的占8.6%，以加工服务为主的占5.5%，以技术信息服务为主的占11.6%，开展其他服务的占18.3%。截至2009年底，农民专业合作社统一组织销售农产品总值2914.2亿元，统一组织购买农业生产投入品总值939.5亿元。”② 农民专业合作社面向社员提供统一采购生产资料的服务、运输服务、技术服务、储藏服务等，从而降低农民的生产成本，从另一个角度看，就是增加了农民的收入。

此外，在农民专业合作社具体的运营中，农户可以通过农民专业合作社赊购诸如化肥等生产资料，通过农民专业合作社联系担保或贷款，从而解决了分散农户生产经营资金不足的问题。这为农民增收提供了有利条件。

第四节　农村民主政治发展的组织载体

农业增产、农民增收是各级党组织和各级政府部门应持续关注的问题，农业增产问题和农民增收问题固然重要，但是农村民主政治建设也是一个不容忽视重要问题。我们应看到农业农村经济社会发展对农村民主政治建设的意义。农民专业合作社的科学发展对社会主义新农村民主政治建设的价值主要是通过它的运营而间接显现出来的。农民专业合

① 农业部课题组：《农业农村经济重大问题研究》(2010)，中国财政经济出版社2011年版，第147页。

② 农业部课题组：《农业农村经济重大问题研究》(2010)，中国财政经济出版社2011年版，第147页。

作社的发展对于巩固党的执政基础，以及推进农村基层民主管理等方面有其价值。

一、夯实党的执政基础

夯实执政基础，是对任何执政党的应然要求。要实现中国共产党的长期执政，就要巩固她的执政基础。从理论上看，中国共产党的执政基础包括她执掌国家政权中所拥有的自身优势和所依赖的社会基础。党的自身优势既是党的性质使然，也是中国共产党长期实践的结果。党的自身优势有很多，主要有三点：一是，党的思想政治优势；二是，党的组织优势；三是，党密切联系群众的优势。党执政的社会基础是党赖以生存和发展的各种因素，主要包括经济、政治、文化、社会、组织等因素。从一般意义上说，党的执政基础主要包括阶级基础和群众基础。

第一，农民专业合作社的科学发展有利于巩固党的组织基础。中国共产党的基层组织是其整个组织体系的基础，她直面群众，扎根于群众之中，是党壮大自己力量的重要组织载体。党的组织基础包括党员干部队伍和基层组织两个方面，是党的纲领、路线、方针、政策得以贯彻实施的保证。改革开放的 30 多年是农村改革发展的 30 余年，也是农村组织演进变化的 30 余年，农村传统组织有的解体，有的演进，还有新的组织产生，农民专业合作社是改革开放后新生的经济组织。农民专业合作社依托于农村社区，生长于农村社区，其本身是农村的基础性经济组织。从巩固党的执政基础的角度，农民专业合作社这一经济组织不同于农户，党可以在农民专业合作社中设立基层组织，但却不能在农户设立党的组织。因此，农民专业合作社及其发展壮大，有利于扩充了党的组织资源，巩固党的组织基础。

第二，农民专业合作社的科学发展有利于巩固党的阶级基础和群众基础。政党属于政治组织，它总是代表一定阶级、阶层或政治集团的利益，以谋取政权与巩固政权为目标而建立的。作为政治组织，政党有两个基本要件：一是阶级基础；二是理论基础。从第一个要件而言，政党必须有自己的阶级基础，并通过它的纲领、章程和行动反映一定阶级的意志和利益。阶级是政党赖以产生和发展的物质力量。一个政党要取得执政地位，并使其执政地位得以巩固，不能没有坚实的阶级基础。人类政治实践发展至今，绝大多数国家的政治是政党政治，这些国家的政党都不是超阶级的。实践表明，执政党要随着形势的发展始终不渝地巩固自己的阶级基础，否则其执政地位难以确保。群众是划分为不同的阶级、阶层的，党的群众基础与阶级基础密切联系，又有所不同。相对于党的阶级基础，党的群众基础要广而大。

在实际中，执政党欲巩固自己的执政地位，不仅要夯实的自己的阶级基础，而且要扩大自己的群众基础，并以此提升自身的社会影响力。党在群众中的威望、形象如何？或者说群众对党的情感及评判怎样？其标准极为简单，即他们遇到的生存和发展中的具体问题是否得到解决；他们的生存质量提高了还是下降了。可以说，执政党是否拥有广泛而坚实的社会基础，同样关系着执政党的兴衰。由此，对于中国共产党来说，要密切联系群众，就要关注民生问题，关注群众的切身利益，将密切联系群众的要求外化于党的政策和工作中，解决群众遇到的实际问题。中国共产党切实关注民生问题和改善民生的过程，是密切联系群众的过程，也是扩大并夯实自身群众基础的过程。

作为经济组织，农民专业合作社联系亿万农民，广大农民加入农民专业合作社，通过合作社组织运作，满足自身生存和发展的需要。所以，广大农民自然将需求满足的情感回馈于农民专业合作社及中国共产党和政府。因此，从这个意义上说，农民专业合作社的科学发展有利于巩固党的阶级基础和群众基础。

第三，农民专业合作社的科学发展有利于夯实党执政的物质基础。任何组织，包括政党组织，它的运作离不开物质的支撑。在现时代，执政党要巩固自己的执政地位，不仅要有坚实的阶级基础和广泛的群众基础，还需要物质条件。同时，执政党的经济发展绩效如何，对其执政有着重大的影响。1978 年改革开放以来，中国共产党成功地带领广大民众进行改革开放，发展生产力，经济发展取得了举世认同的成功，这不仅为中国共产党提供了执政的物质条件，还极大提高了党在群众中的威望、公信力。

通过农民专业合作社的运营，农业农村经济得到发展，农民生活水平得到提高，也夯实了党执政的物质基础。

二、推进农村民主管理

从一定意义上说，农村民主管理即农民的广泛参与，农民参与农村事务的广度和深度是衡量农村民主管理的重要尺度。之所以组织发展农民专业合作社，之所以提出农民专业合作社的科学发展问题，其中一个原因是农村民主管理的要求。

第一，农民参与农村民主管理需要组织载体，在农村组织结构发生重大变化的情况下，需要通过组织农民专业合作社，并通过促使其科学发展，助推农村民主管理。改革开放近 40 年来，农户始终是农村的基本经济组织，在这狭小的组织空间中，它不仅不能担当起农业规模化、产业化经营的重任，而且也不能成为助推农村民主管理的有效组织依托。农民专业合作社及其科学发展，其成员的异质性使其成为助推农村民主管理的重要力量及组织载体。具体地说，农民专业合作社的运营过程本身对政府有一定影响，助推政府科学决策，要求政府对其进行科学管理、引导及规范，它本身能否科学发展，也是对政府的反约束，是助推农村民主管理的重要力量及组织载体。

第二，农民专业合作社的科学发展是拓展农村基层民主管理途径的要求。民主管理是合作经济组织必须遵循的基本原则，民主的精神是合作经济组织所应有的，农民专业合作社作为合作经济组织，同样应遵循民主管理的原则。一人一票、民主管理是农民专业合作社必须遵循的基本原则，在农民专业合作社的运营中，社员平等地参与农民专业合作社的内部事务，平等地参与事关农民专业合作社发展重大问题的决策，这就从农民专业合作社组织层面集中了群众的意见、愿望及利益诉求，这表明：农民专业合作社及其科学发展，不仅为农村民主管理提供可供依托的组织载体，而且拓展了农村基层民主管理的渠道和途径。广大农民通过合作经济组织——农民专业合作社，认识民主管理，践行民主管理，推进民主管理。农民在农民专业合作社内充分的民主管理实践，是推进农村基层民主管理的需要，也是农村基层民主管理得以推进的具体表现。

第三，农民专业合作社及其科学发展为推进农村民主管理创造条件。农民最初加入合作社，完全是出于个人利益的需要，他们期盼入社后，能够提高家庭经营的效益。同时，在农民加入农民专业合作社后，他们参与农民专业合作社事务的过程，间接助推了农村民主管理。

从组织上划分，农民专业合作社属于合作经济组织，它主要发挥的是经济功能，其社会及政治功能次之。农民专业合作社是在成员平等、民主管理的基础上运作的，社员参与农民专业合作社的同时，他们的参与意识和参与能力得到训练，农民的参与意识得到增强，其参与能力得到提高，培养了农村民主管理所需要的公民意识。可以说，在农民专业合作社的运营中，农民的政治素质得到提高，从而有利于农村民主管理的推进。社员互助协作精神、参与意识及参与能力等为农村民主管理创造条件，有可能提高农村民主管理效率，奠定农村民主管理的社会基础。

总之，农民专业合作社及其科学发展事关农业农村经济社会发展的诸多方面。针对农民专业合作社发展问题，中国共产党十七届三中全会提出了若干扶持政策，以使农民专业合作社成为引领农民观念现代化、生产经营现代化的新型现代农业经营主体。中共十八大提出，农民的专业合作即农民专业合作社有利于壮大农村集体经济，有利于培育新型农业农村经营主体，有利于增加农民收入。2016 年中央一号文件强调，积极培育农民合作社这一新型农业经营主体。在目前的农村，农民专业合作社普遍存在着，它的健康科学发展将成为农村基层民主政治、经济社会发展的重要组织载体。

第五节　农村社会和谐发展的组织载体

没有农业农村农民的现代化，整个国家的现代化无以实现；没有农村的小康，就没有全面小康社会目标的实现；没有农村社会的和谐，同样没有整个社会的和谐发展。实现农村社会的和谐发展，是社会主义新农村建设的重要任务目标。实现农村社会的和谐发展，需要一定的组织载体来推动，而与农村其他经济组织相比较，科学发展的农民专业合作社应是促进农村社会和谐发展的典范。

一、符合农村社会和谐发展要求的原则及价值理念

发展是社会和谐的前提和基础，农民专业合作社作为互助合作经济组织，通过它的运营，帮助农民进入市场，提高农民的市场竞争力，为农民提供了维护自身利益的组织载体，促进了农民增收，增加了地方财政收入，使农业农村经济得到发展，从而促进了农村社会稳定。农民专业合作社及其科学发展，直接表现为增进农民的利益，这对于稳定民心及农村社会稳定，有一定价值。只要农民专业合作社的运营遵循合作经济组织的基本原则，或者说，只要农民专业合作社的属性不漂移，那么它就是农民的联合互助，它就负有扶贫及促进社会公正的功能。从这个意义上说，农民专业合作社也具有促进农村社会和谐发展的作用。

农民专业合作社作为互助合作经济组织，注重人人平等，强调人人协作、互助、团结的价值观，有利于农村的和谐发展。诚然，任何组

织都有秩序和控制功能，农民专业合作社要求社员的行为与其组织制度规范一致，事实上，在农民专业合作社的运营中，农民专业合作社的制度规范逐步内化为社员的自觉，尤其是它所体现的民主精神及原则、一人一票制的原则等，提高了农民的民主意识，积累了民主管理经验，这对于农村民主法制建设，具有积极意义，符合农村社会和谐发展的要求。

与其他农业企业或公司比较，农民专业合作社不以追逐经济效益为第一。在分配方面，以社员与合作社的交易量为分配尺度，这是农民专业合作社的分配原则，虽然也考虑到社员的出资额，但不是以社员出资多少为分配尺度。在分配上，农民专业合作社兼顾公平与效益，这样，至少在农民专业合作社内部，具有缩小贫富差距、追求共同致富的取向，这一点符合构建社会主义和谐社会的价值取向。

作为合作经济组织，农民专业合作社的财产所有者与农民专业合作社服务的使用者是同一的，向社员提供服务是农民专业合作社运营的根本目的。同时，农民专业合作社的社员主体是农民，这是因为社员主要以农户为主，社员都是以自己承包的土地为基础，即在土地家庭分散经营基础上，加入农民专业合作社。农民加入农民专业合作社，其目的在于提高家庭经营的效益。所以，农民专业合作社及其社员与农村社区有着天然的联系，社员在自己承包的土地基础上，开展互助合作，或者说，在坚持土地家庭承包经营基础上，农民加入合作社，这使农民专业合作社与农村社区互为依存。“中国农村的社区组织是专业合作社的母体和摇篮，在专业合作社的发展进程中，土地承包经营权的流转，水、电等资源的配置和利用，都离不开村社区组织。”① 正是这种互为依存的关系，使农民专业合作社在自身运营中，同时促进农村经济社会和谐发展。

---

① 张晓山、苑鹏：《合作经济理论与中国农民合作社的实践》，首都经济贸易大学出版社2010年版，第12页。

二、培养现代农民和塑造乡村文明的载体

科学发展的农民专业合作社还是一所学校，它的科学发展对培养现代农民，塑造乡风文明，促进农村社会稳定，具有重要意义。

第一，农民专业合作社是培养现代农民的载体。没有现代农民，或者说没有农民的现代化，社会主义新农村建设永远在途中。如上所述，实现农民现代化，有多种途径，其中发展农民专业合作社，有利于培育现代农民，促进农民的现代化。现代农民掌握和使用现代农业科技，视野开阔，有市场意识和竞争意识。农民专业合作社的“专业”所在，对于提高农民的农业科技能力十分有利。同时，民专业合作社的“专业”所在，有助于农民转变经营理念，以专业化的规模经营、专业水平较高的质量品牌等赢得市场，从而提高农民的现代经营理念。

在当今世界上，许多国家都在发展农业合作经济组织，并以此来促进现代农业的发展。可以说，农民专业合作社与现代农业生产经营耦合，它的发展必定造就出现代农民。

第二，农民专业合作社是塑造乡村文明的载体。虽然农民专业合作社是经济组织，但它的运营蕴含并展现出组织文化，农民专业合作社的运营一定体现出合作特色的运营，农民参与农民专业合作社的管理一定体现合作特色的参与，从而形成合作文化。互助合作精神、民主意识、关爱社区、注重农业科技的运用，造就了现代农民，促进了乡风文明。农民专业合作社正在成为社会主义新农村建设、农村社会和谐发展的重要载体和力量。

此外，农民专业合作社培育诚信美德。分散家庭经营的农户不讲诚信，损失的是自家，而社员作为合作社的一分子，如果不讲诚信，将影响农民专业合作社的发展。所以，注重社员及组织诚信精神的培养，是农民专业合作社科学发展的需要，也是农村社会和谐发展所需要的。

第五章　农民专业合作社助推社会主义新农村建设的方式和机制

农民专业合作社发展的过程，也是其助推社会主义新农村建设的过程。与其他涉农组织不同，农民专业合作社以其自有的方式和机制，融入并助推社会主义新农村建设。

第一节　农民专业合作社助推新农村建设的方式

完整、健全的组织机构是农民专业合作社健康、规范、科学发展的条件，其中组织运营机构的设置要考虑到各地的具体实际，因地制宜，同时还要考虑到组织功能的有效发挥问题。

一、组织的运营机构

农民专业合作社内部组织管理机构由社员大会或社员代表大会、理事会、理事长和理事以及执行监事和监事会成员、内部具体办事部门四个层次组成。

农民专业合作社的权力机构是社员大会或社员代表大会，入社的全体社员组成了社员大会，社员大会每年至少要召开一次。社员代表大会行使社员大会的部分或全部职权。按照法律规定，社员大会拥有以下权力：一是，制定和修改本社章程；二是，选举和罢免本社的理事、理事长、执行监事或监事会成员。三是，决定本社的重大事项。例如，重大财产的处置、对外投资和担保等。四是，批准年度业务报告、盈余分配方案、亏损处理方案等重要事项。五是，对经营管理人员、专业技术人员的聘用、资格及任期做出决定。六是，对本社的合并、分立、解散、清算等做出决定。

农民专业合作社设理事会，负责本社的日常工作。理事会设理事长一人，理事若干人，其中理事长是本社的法人代表，理事长和理事可以担任本社的经理。执行监事及监事会成员由社员大会或社员代表大会选举产生，负责监督合作社重大事项。

根据农民专业合作社的运营需要，在组织内部设置相关具体部门。一般来说，大多数农民专业合作社都设置财务部、销售部、生产部、技术信息部等部门。生产部主要协助理事长搞好生产经营，其职能主要有以下几个：一是，看准市场需求，负责做好生产经营的预测、计划和统计工作，例如，社员使用生产资料的预测及计划，批量购进生产资料的计划等；二是，做好经营的外联工作，包括与社员、相关企业等签订生产合同或订单；三是，安排生产任务，落实生产计划；四是，做好生产经营的登记工作；等等。财务部协助理事会做好组织的发展规划、收支预算、年终结算、收益返还及分配等工作。此外，财务部还应负责组织的财产、工资、成本等的核算工作、往来账目结算工作、财务报表工作、各种账目的登记及会计档案工作等。技术信息部主要有以下职能：一方面，为保证农产品的质量，做好技术指导和生产质量管理工作，同时做好新产品的实验、示范和技术推广工作；另一方面，及时发布产品的品种、产量、价格、上市时间、市场需求等信息。

二、独特运行的助推方式

农民专业合作社作为经济组织，它与其他经济组织一样，有其为社会和他人提供生产和服务的运作方式。同时，农民专业合作社有其特有的运行方式。

第一，农民专业合作社是由若干社员组成的，社员是农民专业合作社的主要因素。怎样组织，又怎样规制社员，是农民专业合作社的主要运营机制之一。

就理论而言，并从社员的角度看，入社是自愿的，退社是自由的，合作社的组织机制是社员的进退社自愿自由。《国际合作社联盟章程》规定，自愿、开放的社员资格是合作社的第一个原则，合作社的大门是敞开的，它面向所有愿意通过合作社的服务获得经营效益的农民。在实际当中，广大农民已深知这一原则，无论是通过何种方式组建的农民专业合作社，入社自愿已成为普遍的事实。

但是，现实当中有的农民专业合作社存在着退社难的问题，社员退社自由的原则贯彻得不到位。例如，浙江省某蔬菜专业合作社《章程》明确规定，发起人不能退社，理事会成员任职期间不能退社。在实际中，还有的社员退社后，股金、应得的盈余、公积金等得不到如期的返还或提取。由于在社员退社方面还存在诸多问题，从而造成一些农民对加入合作社存有顾虑，常常处于观望状态。

农民专业合作社之所以为农民专业合作社，与其社员有关，农民专业合作社要求其社员以从事涉农的某一专业生产的农民为主体，同时允许一定比例的从事涉农的某一专业生产的企业、事业单位和社会团体加入。此外，农民专业合作社还要求所加入的社员，其生产规模要达到一定水平，或者要求社员入社时要交纳规定额度的股金。例如，辽宁大连金州新区王家村的李子专业合作社，要求农户种植李子树达到 50 棵以上方能入社。所以，农民专业合作社社员一是要以农民为主，二是要农民以从事涉农的专业生产为条件，三是要农民有一定的生产基础和实力。由此可知，虽然农民可以自愿入社，但却是有条件的。正是这样的条件，使合作经济组织成为专业性的、农民的合作经济组织。

依据相关法律政策，加入农民专业合作社的社员主要拥有以下权利：一是，享有对组织的民主管理权、监督权、选举权、被选举权、重大事项的建议权和表决权。二是，社员享有合作社为其提供服务的权利，例如，社员享有生产资料的供应、产品的优先销售、优先使用合作社设施等权利。三是，分享合作社的盈余。

加入农民专业合作社的社员，主要承担以下义务：一是，遵守《农民专业合作社章程》，执行社员大会、社员代表大会、理事会和监事会的决议。二是，按《农民专业合作社章程》规定，交纳会费或者股金。三是，按《农民专业合作社章程》规定，与本社进行交易，参加本社活动，进行生产经营。四是，按《农民专业合作社章程》规定，承担亏损。五是，接受培训，培养合作精神，发展合作文化。

此外，《农民专业合作社法》第六章对农民专业合作社的解散及清算制度做了具体规定。根据法律，农民专业合作社基于以下原因解体：一是，按照《农民专业合作社章程》规定，出现了解散事由。二是，经过社员大会讨论，决定解散。三是，农民专业合作社依法被吊销营业执照或被撤销。四是，因合并或分立，需要解散。

农民专业合作社解散后，必须对其资产进行清算，以维护社员和债权人的利益。根据法律，农民专业合作社解散后，资产清算由组建清理小组、将清算事宜通知社员和债权人、债权人申请债权、进行清理工作、确认清算方案等程序和步骤组成。如果因上述前三项原因解散的农民专业合作社，应在解散因由出现的 15 日内，由农民专业合作社社员大会推举社员，组成清算小组，负责以下工作：清偿社员工资、社会保险费用、所欠税款，确定剩余财产何以分配的清算方案等等。其中，政府直接补贴给农民专业合作社所形成的财产，在清算时，不能作为剩余财产进行分配。此外，如果农民专业合作社的财产不足以清偿债务，应通过破产程序偿还债务。

三、资源优化的助推方式

农民专业合作社可使资源优化运作，从而提高组织的经营效益，这主要在于：一是，农民专业合作社将分散的农户联接起来，克服了分散家庭经营无力解决的问题和不足，形成规模化经营，从而促成资源的规模效益。这对于社会主义新农村建设中的资源整合优化，意义重大。二是，在农民专业合作社中，农民通过组织的运作，参与到现代组织治理中去，有利于开阔农民的眼界，培养农民的民主意识、竞争理念、农业科技水平，从而锻造现代农民。

组织、服务、经营、自律、协调等是农民专业合作社运作资源的主要方式，实质上，种种运营方式旨在实现对农民专业合作社的管理。

所谓组织，主要包括：一是，对社员的组织，使其按照农产品的质量标准进行生产，按照市场的需要进行经营。二是，组织本社的发展规划，例如，制定产品发展计划，制定合作社的产业发展计划。三是，组织新技术的开发、实验及攻关。四是，拓展业务。

所谓服务，主要是服务于本社社员的业务，农民专业合作社运营始终要坚守服务社员，以及关爱社区的理念。农民专业合作社主要是做好为社员服务工作，为社员做好产前、产中、产后各个环节的服务工作，主要包括：信息技术服务、生产加工服务、销售服务、运输服务、教育培训服务、融资服务等。

所谓经营，是指农业生产资料的供应和农产品的销售等。

所谓自律，就是依据《合作社章程》所规定的规范和标准，运营农民专业合作社，监督社员，使其规范经营、依法经营。对违反《章程》的行为以及产品质量技术标准不达标的，采取惩戒措施，使农民专业合作社依法规范地运营，维护行业信誉及公平的竞争秩序。

所谓协调，指的是协调农民专业合作社的内外关系，主要是协调社员之间的关系，协调社员与农民专业合作社之间的关系，协调农户社员与非农户社员的关系，协调社员与消费者的关系，协调社员与其他产业组织的关系，协调和化解相关的外部矛盾，协调相关的社会事务，等等。

农民专业合作社有其特有的运营业务范围及方式，由于其主要是相对弱势农民联合的经济组织，资金有限，规模不等，因此，政府对它的注册资金、税收等有一定的优惠政策。尽管如此，农民专业合作社要以“合作”为本，服务于“三农”，提升其运营效能。农民专业合作社的主要业务范围有：一是，根据农民专业合作社运营和社员的需要，组织农业生产资料的采购和供应，以降低社员的生产成本。二是，按照农产品质量及效益的要求，向社员提供技术、加工、包装、储运、销售等服务。三是，根据市场开发的需要以及提高农产品竞争力的要求，使农民专业合作社产品统一申报和认证为无公害产品、绿色产品、有机食品等，逐步打造品牌商标。

第二节　农民专业合作社助推新农村建设的机制

农民专业合作社具备合作经济组织的特点，又有自身独特的特点，在运营机制上，农民专业合作社同样有自己的运行机制，它的运行机制与农村社区型合作经济组织有所不同。在农民专业合作社内，不仅实行社员进退社自愿自由，而且实行社员利益共享，风险同担，其组织制度运营灵活，必须建立和形成一整套规章制度及机制。

一、管理决策机制

机制是组织的各种要素及其关联方式，管理决策机制是农民专业合作社的重要机制，它不仅影响着农民专业合作社的运行，而且间接影响着社会主义新农村建设。

第一，管理决策机制决定了农民专业合作社的管理决策权力如何在各权力主体之间进行配置，以及各权力主体如何相互作用。按照《农民专业合作社法》，社员代表大会是农民专业合作社的最高权力机构，享有 10 项决策权：一是审议、修改本组织的章程及规章制度；二是选举、罢免理事长、理事会和监事会成员；三是决定成员增加或者减少出资及其标准；四是审议本组织的发展规划及年度业务经营计划；五是审议批准本组织年度财务预算及决算方案，并审议年度盈余分配方案；六是审议批准本组织理事会、监事会的年度业务报告；七是决定本组织重大财产处置、对外投资、对外担保等其他生产经营活动中的重大事项；八是决定本组织的合并、分立、解散、清算和对外联合；九是决定聘任本组织的主要经营管理人员及财务会计的人数、资格、任期；十是决定本组织其他重大事项。理事会是农民专业合作社的日常管理和决策部门。经理以及农民专业合作社内部的生产部门、财务部门、外联部门等是农民专业合作社日常决策的执行者。

农民专业合作社的管理决策机制有利于社会主义新农村建设，这主要在于：农民专业合作社的管理决策机制充分体现现代组织治理的要求，有利于科学管理和决策，培养现代农民以及合作社有序运行。

第二，农民专业合作社的财务管理制度。财务制度是组织的重要制度，较好地管理农民专业合作社的资金，对于其发展十分重要。农民专业合作社的财务管理非常专业，其制度设计有其特殊性。这里依据《农民专业合作社法》，概述农民专业合作社的有关财务管理问题。

首先，关于农民专业合作社的财务管理及制度。任何经济组织的运作，都要有财务管理上的基本要求及制度安排。对于农民专业合作社财务管理，《农民专业合作社法》做出了原则性的规定。《农民专业合作社法》第 33 条规定，农民专业合作社的理事长、理事会应当按照章程的规定，组织编制年度业务报告、盈余分配方案、亏损处理方案以及财务会计报告，于社员大会召开的 15 日前置备于办公地点，供成员查阅。《农民专业合作社法》第 34 条规定，农民专业合作社与其成员的交易、与利用其提供服务的非社员的交易，应分别核算。《农民专业合作社法》第36条规定，农民专业合作社应当为每个社员设立社员账户，记载社员的出资额，量化社员的公积金份额，以及记载社员与合作社的交易额等事项。按照法律，农民专业合作社在财务管理上，要保证社员的知情权，要设立社员账户，要对农民专业合作社与社员、非社员的交易分别核算，实行财务公开。

农民专业合作社是合作经济的组织载体，而合作经济与集体经济虽有一定的差别，但二者有交叠之处。农民专业合作社作为独立的、自负盈亏的经济实体，其财务管理与集体经济有相似之处，其财务管理要接受上级业务部门的指导、管理和监督。与此同时，农民专业合作社的监事会或者执行监事对其财务事项进行内部审计，审计结果如何，应向社员大会报告，即实行农民专业合作社财务内部审计的制度。

根据《农民专业合作社法》第32条规定，农民专业合作社应当按照国务院财政部门制定的财务会计制度，进行会计核算。但是，由于农民专业合作社会计主体及要素的特殊性，农民专业合作社会计账簿、借贷记账法、会计凭证、会计档案保管等还有一定的特殊性。

第三，农民专业合作社的生产管理制度。对于农民专业合作社的生产管理制度，《农民专业合作社法》仅有原则上的规定，没有具体的规定。《农民专业合作社法》第17条规定："农民专业合作社成员大会选举和表决，实行一人一票制，……出资额或者与本社交易量（额）较大的成员按照章程规定，可以享有附加表决权。本社的附加表决权总票数，不得超过本社成员基本表决权总票数的百分之二十。"① 可见，在农民专业合作社生产管理上，也应遵守并体现民主的原则，凡属涉及经营的重大事项，应交由社员大会或者社员代表大会讨论做出决策。

① 《中华人民共和国农民专业合作社法》，中国法制出版社2006年版，第8页。

农民专业合作社具体的生产管理制度主要包括：生产计划的安排、与社员签订合同的具体规定、管理技术人员的聘请程序及制度安排、合作社赊销的具体规定、无偿或低费用向社员提供技术指导和服务的制度等等。这些制度详细及完善的程度，因各个农民专业合作社的发展成熟程度及其运营水平而有所不同。

二、利益分配机制

获得服务、分享盈余、成果共享是农民加入农民专业合作社的动力所在，由此，如何分配，就成为农民专业合作社的重要事项。《农民专业合作社法》对合作社如何分配、怎样分配等问题，做了具体规定：

第一，农民专业合作社属于合作经济组织，拥有公共积累，它为广大社员所有。在农民专业合作社运营中，为了扩大生产，弥补合作社的亏损以及转化为社员的出资，农民专业合作社从当年度的盈余中提取公积金。

第二，可以分配给社员的是农民专业合作社当年运作的部分盈余，即提取公积金及弥补亏损后的当年盈余。根据社员与农民专业合作社交易额，将不低于当年度盈余的60%返还给社员。

第三，在分配中，实行二次返利。二次返利实行按比例分配，具体做法是：将第一次返还后的剩余部分（按照社员与农民专业合作社交易额比例返还后的那部分），以每个社员的出资额和公积金额，合作社接受财政补贴以及他人捐赠而形成的财产，平均量化到社员，按比例分配给社员。

不同于农业企业，农民专业合作社的利益分配机制有利于社员，有利于增加社员的收入。同时，增加农民收入是社会主义新农村建设的重要任务。在实际中，政府之所以政策上向农民专业合作社倾斜，主要在于：农民专业合作社的运营成果惠顾广大农民。

三、内部激励约束机制

在农民专业合作社运行中，激励和约束的目的在于促进组织的有序高效运行。农民专业合作社内部激励约束机制的对象是全体社员，具体地说，包括针对管理者的激励和约束以及针对普通社员的激励和约束。无论是激励，还是约束，都旨在调动全体社员的积极性，促使全体社员承担义务。

第一，对管理者的激励约束机制。一般来说，所有的社员都参与合作社的管理，但农民专业合作社的日常管理者、专业管理者很重要，他们的素质尤其是工作态度对于合作社的发展很重要。那么哪些人是农民专业合作社的管理者呢？这要看谁是农民专业合作社的决策者，谁是农民专业合作社决策的执行者。组织的决策者和决策的执行者是其管理者。

针对农民专业合作社管理者的激励，主要包括报酬激励和精神激励。在实际中，农民专业合作社的经营管理者有的是外聘专职工作人员，大多数则是社员管理者，他们身为农民专业合作社社员，承担了更多的工作，因此，合作社对他们的工作给予一定的薪酬。如果合作社经营效益好，管理业绩高，应结合实际情况予以奖励。精神奖励主要是组织内部的精神鼓励，不是所有合作社都实行的。虽然不同合作社的具体奖励有所不同，但是奖励机制是存在的。

针对经营管理者的监督约束机制，是指社员通对农民专业合作社管理者的监督所形成的约束机制。《农民专业合作社法》规定，当有“百分之三十以上的成员提议”[①] 时就应该召开成员（代表）大会。在一般情况下，社员通过社员代表大会监督农民专业合作社的管理者，社员大会代表还可以否决管理者的方案、想法等，甚至可以提议召开社员（代表）大会，通过集体投票的方式，将他们认为不称职的经营管理者

---

① 《中华人民共和国农民专业合作社法》，中国法制出版社 2006 年版，第 11 页。

替换掉。作为常设机构，农民专业合作社中的理事会拥有对经理的监督权，是社员行使监督权的重要载体。此外，退社是社员不满于管理者的重要选择。

第二，关于社员的激励约束机制。农民专业合作社是农民自发的互助合作经济组织。但是，当农民的想法和组织的想法不同且不能调和时，农户作为理性经纪人，就会从利己原则出发，放弃利他行为，导致个人行为与组织目标不协调。因此，农民专业合作社就要针对社员构建激励机制，规范社员的行为，调动社员的积极性。《中华人民共和国农民专业合作社法》第 37 条规定："在弥补亏损、提取公积金后的当年盈余，为农民专业合作社的可分配盈余。按成员与本社的交易量（额）比例返还。"① 当社员和农民专业合作社进行更多的交易时，就会有更多的返还。农民专业合作社为了自身的发展壮大，在对社员收取"入社费"的同时，也会出售一部分合作社股份。为调动社员的积极性，合作社应根据社员的投资额发放一定的红利。但为了保证农民专业合作社的属性不变，对农民专业合作社按股分红问题，《农民专业合作社法》做了必要的限制，按照法律规定，农民专业合作社按股分红的盈余不能高于可分配盈余的 40%。

农民专业合作社是社员自愿组织起来的，但在现实中，社员的个人利益难免会与农民专业合作社的利益产生冲突。为调节个体与组织的矛盾，必须要有针对社员的有效的约束机制。

合作社对成员的监督机制主要体现在：制定一系列的内部制度，通过制定合理的内部制度，进行严格的管理，加强对社员的监督。农民专业合作社在社员（代表）大会上通过民主讨论，制定出适用于农民专业合作社的内部制度及违反制度需要承担后果的规定。社员自觉遵守内部制度，经营管理者依照内部制度对社内成员进行监督管理。

---

① 《中华人民共和国农民专业合作社法》，中国法制出版社 2006 年版，第 14 页。

第六章　社会主义新农村建设中农民专业合作社的实然现状

自20世纪80年代以来，在家庭承包经营基础上以及市场取向改革背景下，农村出现了各种形式的涉农专业技术协会、研究会等合作经济组织。到20世纪90年代，农业生产面临资源和市场的双重约束，农民在生产经营上的合作需求不断扩展，在各种形式的涉农专业技术协会、研究会发展的基础上，东部沿海地带农民自发地创造出内部联系紧密的新型农民合作经济组织——农民专业合作社。在农民专业合作社这一互助合作经济组织产生后的10余年，即2007年7月1日《农民专业合作社法》正式颁布实施，在有法可依、政策扶持的制度环境下，近几年，农民专业合作社发展迅速，这一结论可以从国家相关统计数据及实证调研中得到证实。同时，随着农民专业合作社数量上的快速增加，覆盖面不断扩展，在发展中，农民专业合作社也暴露出诸多问题，从中可得出一些经验教训。

第一节　农民专业合作社的发展现状

由于研究力量有限，笔者难以展开全国性的调研，本书主要从国家农业部统计数据的分析中，获得全国农民专业合作社的概况，并做出一般性判断。同时，为了准确说明当前农民专业合作社的发展现状，笔者还对辽宁省大连市和丹东市典型农民专业合作社的实证调研材料进行了分析。

一、基于相关统计资料的一般分析

本书所根据的相关统计资料主要有三个：一是，到目前为止，国家对农民专业合作社发展的权威报告即国家农业部组织的《中国农民专业合作社发展报告》(2006—2010)（此后未有全国性的最新数据报告——笔者注）；二是，国务院发展研究中心农村经济研究部与加拿大国际发展署“小农项目办”合作开展对促进中国9省的农民合作经济组织的问卷调查；三是，参见相关研究者的实证调研资料。

第一，相关统计资料显示，进入21世纪，尤其是在《农民专业合作社法》颁布及实施以来，农民专业合作社发展很快，主要反映在以下几个方面：

首先，农民专业合作社数量剧增，出资额剧增，参加农民专业合作社的农户剧增，“2003年农业部的统计表明，我国有较规范的农民专业合作经济组织15万多个，其中入社农户2363万户，占全国农户总数的9.8%。”①“截至2010年6月底，全国在工商部门登记的农民专业合作社达到31.17万家，比法律实施前（指2007年《农民专业合作社法》实施前——笔者注）的农民专业合作组织数量翻了一番。近两年来，在工商部门登记的合作社数量年均增长都在1倍以上。目前，农民专业合作社实有入社农户已达2600万户左右，约占全国农户总数的10%。从各地发展情况看，山东、江苏、山西、浙江、河南、河北、辽宁、安徽、四川、黑龙江等10个省发展较快，农民专业合作社数量占

① 李姿姿：《中国农民专业合作组织研究：基于国家与社会关系的视角》，中央编译出版社2011年版，第5页。

到全国总数的65%。”① 到2010年底，我国农民专业合作社发展情况见表6–1：

表 6–1 农民专业合作社基本情况

时间	合作社数（万家）	出资额（亿元）	工商登记成员数（万户）	实有成员数（万户）
2007 年底	2.64	311.66	35	210
2008 年底	11.09	880.16	141.71	1200
2009 年底	24.64	2461.36	391.74	2100
2010 年底	37.91	4545.77	715.57	2900

注：资料来源于《中国农民专业合作社发展报告》（2006—2010），中国农业出版社 2011 年版，第 1 页。

从上表中可知，农民专业合作社的出资额增长较快，2007 年底，在全国工商行政管理部门登记的农民专业合作社出资额为 311.66 亿元，到 2010 年底，在全国工商行政管理部门登记的农民专业合作社出资额为 4545.77 亿元，增长了 14.6 倍。

其次，在全国各个省区，农民专业合作社都得到了发展。农民专业合作社最先发起于东部发达地区的农村，但在 2007 年《农民专业合作社法》实施后，其在全国各个省区都得到发展。从增长速度上看，西藏、青海、吉林等省区增长速度最快，从 2009 年到 2010 年，这三个省区分别增长了 107.6%、98.3%、98.1%。截至 2010 年底，江苏、山东、山西等省的农民专业合作社数量较多。农民专业合作社在全国各省区的发展情况见表 6–2：

① 农业部课题组：《农业农村经济重大问题研究》（2010），中国财政经济出版社 2011 年版，第 146—147 页。

6–2　全国各地农民专业合作社基本情况（2010 年底）

地区	数量（家）	出资额（万元）	成员总数（户）	地区	数量（家）	出资额（万元）	成员总数（户）
合计	379059	45457748	7155733	陕西	8679	794456	116333
山东	43331	4219330	422988	广西	7878	658144	83981
江苏	35214	5281913	3075651	福建	7637	1432491	80321
山西	31658	2577686	245271	湖南	7390	1332509	128516
浙江	28202	1680606	295720	云南	7258	458623	203405
河南	26596	3814047	205500	广东	6715	617893	87962
河北	16560	2106440	181163	甘肃	6323	582975	56756
黑龙江	15568	2313746	165873	贵州	5654	310289	84141
安徽	14860	2394544	121684	新疆	4407	429377	67215
辽宁	14351	2016923	217513	北京	4395	396937	110058
四川	14127	1562571	222036	上海	3799	481709	43072
湖北	12601	1566634	152308	海南	3556	326543	30055
江西	11975	1853602	128798	宁夏	2675	317683	32745
吉林	11347	1353900	143184	青海	2428	215495	31844
内蒙古	11042	1749445	108594	天津	1930	527038	64577
重庆	10519	2052319	212117	西藏	384	31879	36352

注：资料来源于《中国农民专业合作社发展报告》（2006—2010），中国农业出版社 2011 年版，第 3 页。

第二，覆盖面广，合作领域及合作内容不断拓宽。自 2006 年以来，农民专业合作社的发展总体上还处于起步阶段，但其合作领域及合作内容在不断拓宽。数据显示，我国农民专业合作社从事种植业和养殖业的较多，截至 2010 年底，我国有 16.22 万家农民专业合作社经营种植业，有 11.46 万家农民专业合作社经营养殖业。

表 6–3　不同业务范围农民专业合作社数量

业务范围	2009 年底	2010 年底	
	数量（家）	数量（家）	比上年增长（%）
种植业	97617	162183	66.1%
养殖业	76294	114604	50.2%
与农业生产经营有关的技术、信息等服务	51471	80607	56.6%
农产品销售	48154	70259	45.9%
农业生产资料购买	37105	55290	49.0%
农产品加工	8419	11891	41.2%
农产品运输	6717	10255	52.7%
农产品储藏	6437	10315	60.2%
其他	32429	53166	63.9%

注：资料来源于《中国农民专业合作社发展报告》（2006—2010），中国农业出版社 2011 年版，第 2 页。

第三，随着农民专业合作社的快速发展及其在各地业务范围的扩展，作为互助合作经济组织，农民专业合作社的经济社会作用逐步显现出来，在经济社会发展中的作用较大，对社会主义新农村建设以及农村社会和谐发展，具有重要意义。

首先，正在转变原有农业生产以农户为主体的现状，创新了农村经营制度。根据《中国农民专业合作社发展报告》（2006—2010）提供的数据，到 2010 年底，全国实有农民专业合作社社员数为 2900 万户，占全国农户总数比例约 10%，全国平均每 2 个村就有 1 个农民专业合作社，农村每 10 户中就有 1 户加入农民专业合作社。这表明：农民被组织起来了，开始向农业的组织化、规模化方向进展，这是农业经营主体的创新，也是农村经营制度的创新。

其次，农民专业合作社日益成为农业发展的重要载体。农民专业合作社带来了农业的规模经营及效益。例如，黑龙江省经营种植业的农民专业合作社发展较快，促进了该省土地连片的种植开发，加快了农业的规模化经营步伐。截至2010年6月底，黑龙江省“规模经营面积达到3200多万亩，规模经营面积1万亩以上的合作社达253个。”①生产的规模化是农业现代化的必然要求，通过农民专业合作社，实现农业生产的规模化经营，使我国农业发展有了新的组织载体。

农民专业合作社已经成为农业标准化生产的重要组织载体和力量，它在促进农业生产的标准化中发挥了重要作用。“目前，全国已有4万多家合作社执行了农产品生产质量安全标准，有2.6万家合作社拥有自主注册商标，1.8万多家合作社取得了无公害、绿色、有机等‘三品’认证。1.1万多家合作社与超市或流通企业建立了产销关系，涉及粮食、油料、蔬菜、水果等数十种农产品。”②此外，在各地农民专业合作社中，有相当数量的农机专业合作社，为农民提供了农业的社会化服务，也促进了农业生产的专业化。从农机专业合作社的数量及其服务面积，可以确证它在农业现代化中的重要作用。

再次，增加了农民收入。就理论而言，农民专业合作社提高了分散农户的市场竞争力，拓展了农业的产业链条，提高了农民的技术水平，降低了生产和流通环节的成本，促使农民形成合作精神，并受到合作文化的影响等等，种种因素在促使农民增收。从实践上看，根据《中国农民专业合作社发展报告》（2006—2010）提供的数据，“2009年，农民专业合作社统一组织销售成员农产品总值2914亿元，统一组织购买农业生产投入品总值939亿元。全国合作社数量最多的山东省，有62%的合作社统一购买比例超过80%，96%的合作社统一销售比例超过80%。据调查分析，入社农户的收入普遍比非成员同业农户高出20%以上。”③

① 农业部农村经济体制与经营管理司等：《中国农民专业合作社发展报告》（2006—2010），中国农业出版社2011年版，第3页。

② 农业部课题组：《农业农村经济重大问题研究》（2010），中国财政经济出版社2011年版，第148页。

③ 农业部农村经济体制与经营管理司等：《中国农民专业合作社发展报告》（2006—2010），中国农业出版社2011年版，第5页。

二、基于地方性实证调研的分析

为确证农民专业合作社发展实况，笔者通过大连市农委等相关部门了解地方的相关发展状况，与此同时，笔者还有选择地对辽宁大连市和丹东市，尤其是对大连市部分农民专业合作社进行个案调研。从总体上，大连市和丹东市农民专业合作社发展与全国情况基本一致，自2007年7月1日《农民专业合作社法》实施以来，辽宁省大连市和丹东市农民专业合作社发展较快。通过调研以及其他数据资料可知：辽宁省大连市和丹东市的农民专业合作社已取得了一定的成效，在引领农民走向市场、提高农民的组织化程度、传播农业技术、发展现代农业、保障农产品稳定供给和质量安全等方面发挥了重要作用。这里主要介绍大连市农民专业合作社的发展现状。

第一，大连市农民专业合作社发展的总体情况。根据大连市农业部门提供的数据资料，截至2012年末，大连市农民专业合作社已发展到2379个，其中种植业1665个，占70%；畜牧业535个，占22.5%；水产业45个，占1.9%；农机合作社111个，占4.7%；其他类型的合作社23个，占0.9%左右。入社社员近15万人，带动周边农户20多万户。截至2011年底，大连市农民专业合作社中，从事生产加工、销售一体化服务的有1040个，占总数的61.1%；从事以生产服务为主的有365个，占21.4%；从事以购买服务为主的有53个，占3.1%；从事以运销服务为主的有40个，占2.4%；从事以加工服务为主的有24个，占1.4%；从事以仓储服务为主的有7个，占0.4%；其他184个，占10.2%。从农民专业合作社运营效果看，大连市农民专业合作社统一组织销售农产品总值达到28.38亿元，其中统一销售农产品达80%以上的农民专业合作社490个，占总数的28.8%；统一组织购买农业生产投入品总值达到6.08亿元，其中农民专业合作社统一购买比率达80%以上的有315个，占农民专业合作社总数的18.5%。从农民专业合作社经营服务的内容看，大连市农民专业合作社已由过去提供单纯的生产和技术合作，逐步向多环节、多层面的综合服务方向发展，合作水平不断提高。

从总体情况来看，大连地区农民专业合作社数量增长快，覆盖面广，农民专业合作社运营效果较好。但从现实看，还存在着示范社所占比例不大，有的合作社规模较小、运营不规范、带动能力不强等问题。

第二，大连市农民专业合作社组建状况分析。从成立的时间及发展情况看，大多数农民专业合作社成立的时间不长，但发展速度较快。在对 26 家农民专业合作社的调查中发现，2006 年以前成立的有 9 家，占总数的 34.61%；2007 年及以后成立的有 17 家，占总数的 65.39%。从调研数据来看，农民专业合作社的快速发展是在 2006 年以后，这主要得益于农民专业合作社发展的法律政策环境的优化：2006 年 10 月，十届全国人大常委会第二十四次会议通过《农民专业合作社法》，该法于 2007 年 7 月 1 日正式实施；2007 年 5 月 28 日，国务院公布了《农民专业合作社登记管理条例》（2007 年国务院第 498 号令）；2007 年 6 月 29 日，农业部第 9 次常务会议审议通过了《农民专业合作社示范章程》；2008 年 1 月 1 日，《农民专业合作社财务会计制度》开始试行。可以说，2007 年以来相关部委发布重要文件 20 多个，为农民专业合作社的健康发展营造了良好的法律政策环境。

表 6–4　26 家农民专业合作社成立时间分布情况

成立时间	2006 年及以前	2007 年	2008 年	2009 年	2010 年后
数量	9	5	6	2	4
比例	34.61%	19.23%	23.08%	7.69%	15.38%

注：本调研主要截至 2013 年底，所以，进入调查样本的合作社主要是 2013 年以前成立的。

从组建的目的来看，调查显示，组建农民专业合作社有多个目的。政府的扶持政策明朗及优化，解决生产服务问题，提高市场竞争力，降低生产运营成本，获得资质认证及树立品牌，农业规模生产的要求等等，都是组建农民专业合作社的目的，其中提高市场竞争力是最为主要的，次之是解决生产服务问题以及降低生产运营成本。

表 6–5　26 家农民专业合作社成立目的情况

成立目的	数量	比例
1	2	7.69%
2	5	19.23%
3	12	46.15%
4	4	15.38
5	2	7.69%
6	1	3.85%
7	0	0

注：1. 政府的扶持政策明朗及优化；2. 解决生产服务问题；3. 提高市场竞争力；4. 降低农业生产运营成本；5. 获得产品资质认证及树立品牌；6. 农业规模生产的要求；7. 其他。

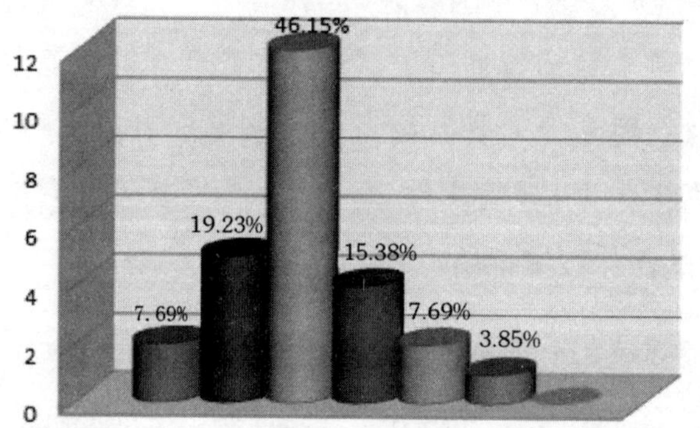

图 6–1　26 家农民专业合作社成立目的情况

从农民专业合作社的组织倡议者和发起者来看，调查结果显示，普通农民由于拥有的资源有限，倡议合作的可能性及潜在的合作收益都较小，因而倡导合作动机不大（普通农民不积极于牵头组建农民专业合作社，并不等于农民生产经营上的合作需求少。——笔者注）。在实际中，县乡政府基于本地区社会主义新农村建设以及农业现代化建设的目的，种养大户、营销大户、村委会等则为自身及集体的利益，积极倡导及组建农民专业合作社。

表 6–6　26 家农民专业合作社倡议者和发起者情况

倡议者和发起者	当地政府	普通农民	龙头企业	种养大户	当地技术人员	其他
数量	4	2	5	14	1	0
比例	15.38%	7.69%	19.23%	53.85%	3.85%	0

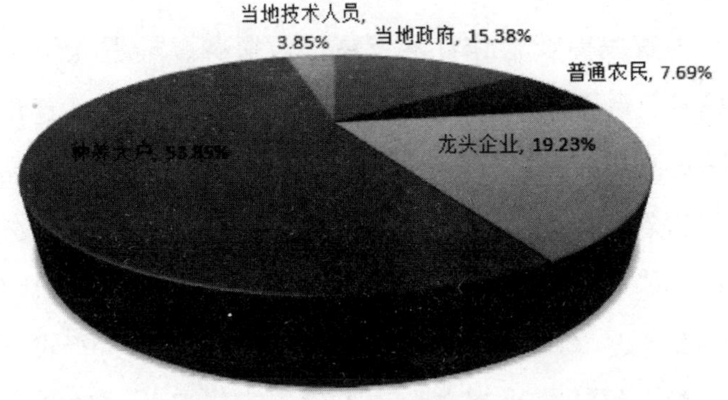

图 6–2　26 家农民专业合作社倡议者和发起者比例情况

第三，政府扶持农民专业合作社概况。当今世界所有国家的农业合作经济组织都直接或间接地获得政府的扶持，这是世界各国的一般经验。事实上，扶持农民专业合作社，就是在扶持农业和农民。加大对农民专业合作社的扶持力度，有利于农业发展和农民收入的增加。进入21世纪以来，我国也借鉴其他国家经验，注重对包括农民专业合作社在内的农村合作经济组织的政策支持，具体地说，有中央和地方政府对农民专业合作社发展的部署，有产业、财政金融、税收、人才以及具体的用地用电等优惠政策。

首先，财政金融上的扶持。根据大连市农业部门提供的数据资料可知：大连市每年在财政预算中列专项资金，用于扶持农民专业合作社的发展，在具体运作中，以项目为支撑。此外，为推动农民专业合作社的发展，还规定了对农民专业合作社实施的农业项目给予上浮 10%—

30% 的叠加扶持。同时，为解决农民专业合作社贷款难问题，2011 年底，大连市农委会同市金融局、国家开发行、农业银行、农业信用合作社、邮政储蓄银行联合下发了《大连市农民专业合作社示范社信誉评定办法》（大农发［2011］103 号），以不同级别的信誉评定作为银行给予合作社贷款的参考。2015 年，大连市农委下发《关于印发大连市 2015 年农业保险工作实施方案的通知》（大农发［2015］122 号），具体规定了相关支持政策。

其次，为农民专业合作社的发展提供服务。最近几年，大连市每年组织农民专业合作社参加中国农博会、沈阳农博会、大连市绿博会以及部分国际农博会。通过农博会展示和宣传大连市优质农产品，并与商家对接，销售农产品。此外，大连市每年还举办十几次“农超”、“农校”、“农社”（“社”即社区）、“农批”（“批”即批发市场）对接活动。目前，大连市有近 200 家农民专业合作社与多家超市进行农产品对接销售，设立专柜，仅沃尔玛就在大连市建立直接采购基地 8 个。与此同时，有的农民专业合作社还联合起来建立农产品直销店，例如，庄河市 15 家农民专业合作社联合起来，设立多个庄河特色农产品直销店。这是联合趋势的体现。通过联合，农民专业合作社做到了统一组织农产品，统一运输，大大降低了成本，增加了农民收入。

再次，政府注重示范社的建设及其典型宣传。在规范培育发展农民专业合作社过程中，大连市注重典型培育，通过典型带动农民专业合作社规范发展，提高农民专业合作社在市场和社会上的知名度。大连市农委于 2010 年 7 月组织开展了形式多样的宣传活动，主要在村内交通要道张贴、刷写宣传农民专业合作社法律的标语，在人口集聚地段设立宣传点，悬挂宣传横幅、摆设宣传台、散发宣传材料、提供咨询服务等，增进了农民对此的了解与认识。根据大连市农业部门的统计，仅 2010 年，大连市共有 6 个县市区的 105 家农民专业合作社开展了宣传活动，全市共设立 6 个宣传点，散发 20000 份宣传材料。

最后，注重人才培养及社员的培训工作。大连市积极组织农民专业合作社法人及辅导员培训，认真指导农民专业合作社依法做好登记注册、变更、建章立制和财务管理工作，提高农民专业合作社的规范化水平。在培训工作中，有针对性地举办不同类型的培训班，从 2010 年至 2011 年，分别举办农民专业合作社法人、辅导员和财会人员的培训，收到了很好的效果。近年来，大连市共举办农民专业合作社培训班数十期，接受培训的农民达数千人。

第四，农民专业合作社的社员概况。依据《农民专业合作社法》，在农民专业合作社中，农民至少应当占社员总数的 80%，农民专业合作社社员在 20 人以下的，允许有一个企业、事业单位或者社会团体社员，社员超过 20 人的农民专业合作社，企业、事业单位和社会团体社员不得超过社员总数的 5%。从实际调研中得知，目前农民专业合作社绝大数社员来自农民，社员的分布或构成基本符合法律规定。

首先，农民专业合作社基本以单个社员为主，团体社员为辅，但也存在团体社员在部分农民专业合作社占重要地位的情况。在 26 个农民专业合作社中，单个社员占总社员数的比例平均为 93.7%，团体社员占总社员数的比例较小。

其次，部分农民专业合作社对社员入社有一定的条件要求，包括从事相关农产品生产的农民；生产的农产品符合特定质量要求的农民；生产某种农产品规模较大的农民；等等。

再次，农民专业合作社社员要承担一定义务。交纳入社费用是社员的一项重要义务，在所调查的 26 家农民专业合作社中，有 18 家农民专业合作社需要交纳入社费（占 69.2%），有 8 家农民专业合作社免交入社费（占 30.7%）。此外，还有一些农民专业合作社要求社员交纳一定数量的股金。

最后，关于社员退社问题，原则上是退社自由。就目前调研中，社员要求退社的并不多，其中少数社员因从事与合作社无关的生产，或者合作社没有履行承诺，而要求退社。退社后，其中绝大部分社员撤回所投入的资金。

第五，农民专业合作社的组织架构概况。在所调查的农民专业合作社中，全部按照国家法律政策的精神，制定本组织的章程，组建组织机构，其中组织机构基本上都包括社员大会、理事会、理事长和监事会，规模较大的农民专业合作社还设置了较完备的具体的经营管理部门，规模小的则只设立农民专业合作社内部技术、财务等经营管理部门。值得注意的是：从形式和程序上展现的农民专业合作社较为规范，但在实际中，许多农民专业合作社并未严格按照章程运营，例如，有的农民专业合作社并未对入社社员设有股金限制，有的没有按照章程规定，进行盈余的二次返还，存在重大事项决策以及盈余分配上的亲资本倾向。

同时，在组织架构上，规模较大的农民专业合作社还设有社员代表大会，社员大会和社员代表大会作为农民专业合作社的最高权力机构，不仅具有选举理事会的职责，而且主要讨论决定重大事宜。就个案分析来看，社员大会和社员代表大会主要宣传政府的政策，向社员提供技术咨询和培训，以及发布市场信息。与此同时，农民专业合作社的社员大会和社员代表大会较少涉及修改组织章程、扩充股金、对外联系、决定增加新社员等。

表 4–7　8 家农民专业合作社社员大会及代表大会情况

会议内容	会议次数	比例（%）
宣传政府的政策	8	32%
提供技术咨询和培训	10	40%
发布市场信息	4	16%
决定增加新社员	0	0%
对外联系及投资	2	8%

会议内容	会议次数	比例（%）
修改组织章程	0	0%
扩充股金	1	4%

注：从 2009 年至 2013 年底，通过实地观察或者通过合作社成员回顾得知，8 家合作社共计召开 25 次会议。

第六，农民专业合作社服务社员及运营效果状况。从理论上讲，一种经济组织的创立和存续有其社会经济发展的目的和需要，也必定有其功能作用，农民专业合作社的组建及发展是农民生产经营上多种需要的结果，是农业农村发展的要求，是农村经营制度创新及完善的要求。就农民专业合作社运营情况来看，积极的效果是不容否认的。

首先，提高了农民组织化程度，增加了农民收入。据统计，大连市已有 200 多家农民专业合作社统一注册了产品商标，如绿晨果蔬专业合作社的“绿晨”商标、绿缘蔬菜产销专业合作社的“绿缘”商标、大连东升薯业专业合作社的“薯娃”商标等。合作社收购社员的产品经分级包装后以统一品牌销售，提高了市场占有率，增加了农民收入。普兰店安波果菜专业合作社，统一将农民专业合作社产品“铁柿子”进行加工、包装，提高市场销售价格。仅这一项一个大棚纯收入就提高到 2.5 万元以上，大大增加了农民收入。瓦房店市东马屯水果专业合作社在推进标准化生产、提高果品质量标准和效益、实行产业化经营、增加果农收入方面成效突出，特别在申报小国光苹果国家地理标志产品成功后，积极开拓国际市场，把产品销往俄罗斯、东南亚等国家，销售收入明显增加，农民专业合作社社员人均收入稳定增长，2011 年人均达到 1.7 万元。

其次，推进了现代农业的发展。一是，农民的生产技术水平得到提高。例如，大连古莲果菜合作社每年定期召开技术培训会、交流会，让广大社员及时接受新技术、新知识培训。二是，培育新品种，推广新技术。庄河陈记果品专业合作社引进培育的大连香梨获得辽宁省和大连市的科学技术奖，其产品在北京和上海等地销售，受到广大消费者的广泛好评。三是，现代都市农业得到一定的发展。目前，大连市各县区较为重视都市型现代农业的发展，并通过农民专业合作社这一载体加以推进。农民专业合作社已成为大连市都市型现代农业发展的中坚力量。通过社员入股，把同类产品的生产统一集中，使土地连片种植和开发，加快了适度规模经营的发展。例如，大连市金州区，通过上善若水农业发展公司带动农民发展专业合作社，开发万亩熏衣草种植及其深加工，形成集旅游及熏衣草产品开发的都市农业，并实现土地规模经营，带动农民增收。

第二节　农民专业合作社存在的问题及成因

国家农业部门及相关部门对农民专业合作社的全国性统计数据，学术界对典型农民专业合作社所做的调研及案例分析，以及课题组对区域性农民专业合作社发展的实证分析，透视出发展中的农民专业合作社的主要问题及成因。

一、农民专业合作社存在的主要问题

我国农民专业合作社在其发展中，既取得了一定成果，从中有可珍视的经验，又存在一系列问题。“从内部看，暴露出发展不平衡、经营规模小、服务层次低、规范化程度不高、带动能力不强等诸多问题；从外部看，面临着人才支撑、资金保障、税收减免、用地政策、统计口径等方面的政策障碍，农民专业合作社实现健康可持续发展的基础还不牢固。”①“对外来的工商企业试图进入合作社或领办合作社，圈钱圈地、

① 农业部课题组：《农业农村经济重大问题研究》(2010)，中国财政经济出版社2011年版，第154页。

套取优惠政策，一定要保持警惕，防止侵犯农民社员的利益和败坏合作社形象的事件发生。”① 农民专业合作社主要面临以下几个问题。

第一，产权问题。发展农民专业合作社，并不意味着否定家庭承包经营，农民加入农民专业合作社后，其个人投向农民专业合作社股金的个人所有性质不能改变，这是任何一个农民专业合作社得以存续的一个基本前提。在实际中，由于农户资金有限，向农民专业合作社投入的股金也有限，又由于一些农民专业合作社是政府农业科技推广部门、村集体经济组织、龙头企业、供销社、种养大户等牵头组建的，在这样的情况下，在农民专业合作社财产构成上，龙头企业、种养大户、涉农政府部门等的投资占据了主体，而农民社员的股金是有限的，这使农民在专业合作社中的主体地位遭遇严峻的挑战。其中政府扶持投入的资金、供销社的投入、村集体经济组织的投入怎样形成人格化的产权问题，没有得到很好的解决。

在实际中，如果农民专业合作社产权不清，会导致以下几个问题：一是，龙头企业、种养大户向农民专业合作社注入大量资金，虽然也会将农民组织起来，但可能出现龙头企业及种养大户组织发展起来强于农民组织起来的可能性，如果是那样的话，农民的弱势地位不仅得不到改变，反而会强化。二是，村集体经济组织、政府部门大力支持，如果不对农民专业合作社的财产进行分类及科学管理，有可能出现国家权力向农民专业合作社内部过度延伸的问题。

第二，冠以农民专业合作社之名，而非农民专业合作社之实的问题。按照国际上对待合作经济组织的通行做法以及我国的法律政策规定，合作经济组织都是在政府的呵护下成长起来的。国际上的普遍做法主要有以下几个方面：一是，资金、税收上的支持，一般都实行资金扶

① 张晓山、苑鹏：《合作经济理论与中国农民合作社的实践》，首都经济贸易大学出版社2010年版，第10页。

持、低税或免税政策，以促进合作经济组织的发展。例如，合作事业较为发达的加拿大，随时根据合作事业项目是否可行，经审批后，拨付合作项目的专项资助。二是，信贷支持。主要是允许合作经济组织开展金融合作及保险业务，并给予合作经济组织以信贷扶持，我国《农民专业合作社法》第51条规定："国家政策型金融机构应当采取多种形式，为农民专业合作社提供多渠道的资金支持。……国家鼓励商业性金融机构采取多种形式，为农民专业合作社提供金融服务。"① 三是，社会宣传合作经济组织的价值和精神。

由于合作经济组织能得到政府及社会的关爱，所以在实际中，一些不属于合作经济组织的"合作社"存在着，以谋取利益。产生冠以农民专业合作社之名而非农民专业合作社之实的农民专业合作社有几种情况：一是，一些龙头企业占据农民专业合作社股金的主体，由此农民专业合作社不再以服务社员为主，而是以追逐利润为主，这样它已演化为农业企业或公司。二是，一些种养大户控制着农民专业合作社，它虽然也带动社员致富，但在农民专业合作社中，普通农民社员始终处于劣势，这样的农民专业合作社基本上是种养大户的"合作社"。笔者在实际调研中发现，有的农民专业合作社，实际上就是种养大户领办的，并且是种养大户受益大。冠以农民专业合作社之名的企业，农民社员接受其技术指导，按照市场收购要求进行生产。三是，本来是农业企业，但瞄准了国家对农民专业合作社的优惠政策，由此以带动农民致富为由，将企业转名为农民专业合作社，但其农民专业合作社属性不够明显。

第三，政府的干预过多问题。回顾我国农业合作化历史，尤其是人民公社化运动的教训，应该承认，政府的过多干预或不当干预会导致农业合作化出现种种问题。为什么今天有人"谈合色变"呢？这与历

① 《中华人民共和国农民专业合作社法》，中国法制出版社2006年版，第18页。

史上农业合作化的负面效应有关，而政府或国家权力过度驶入合作经济组织内部自我管理视阈，是导致其负面效应的重要因素。今天，国家权力（主要是地方各级政府）对农民专业合作社的领导和管理不同于历史上的做法。但是，由于设有政府支持农民专业合作社发展的政策，因此，在接受政府资金扶持、税收优惠、金融信贷扶持中，尤其是有的农民专业合作社在其组建初期，自身资金不足，主要以政府扶持资金为主，这样容易产生像政府始终干预国有企业一样，干预农民专业合作社的运营及人员安排现象。应该承认，一些自上而下的由政府主导创办的农民专业合作社生长得快，初期效率也可观，但因其不符合合作经济组织的运营原则，缺少持续发展的动力及条件，其发展的前景不容乐观。

应该说，实行政府对农民专业合作社的扶持政策是正确的，但在实际中，对于政府如何扶持农民专业合作社，往往出现偏差，这种偏差也可说是政府对农民专业合作社干预不当的问题：一是，一些地方政府将自身意志强加给农民专业合作社，插手合作社内部事务，希望农民专业合作社按照其意愿或安排运营，这违背了互助合作经济组织自主、自愿、民主、互助的原则，最终容易形成农民专业合作社是政府的派出机构的现象。二是，政府对于如何扶持农民专业合作社问题，缺少全面系统的制度设计，许多地方政府的做法是直接拨付补贴款，而带有约束性和激励性的财政补贴或金融贷款资金补贴制度不充分。同时，对补贴款项如何管理运作，最终产生多大的效益等跟踪管理不够，这往往导致政府扶持资金使用效率低下。

第四，合作成本问题。改革开放后，我国农民由高度组织化，向高度分散化、原子化转变。在社会主义市场经济条件下，将分散的农民组织起来，不是一件容易的事情。将分散的农民组织起来，既靠利益驱使，也靠政府引导，加之分散农民计算合作的收益，总是从短期效益考虑，这样，“在市场经济条件下，农民组织经济（生产、购销等）合作社，来应对市场和自然风险，其收益往往较小，而合作成本却可能很高。”①

第五，农民专业合作社科学发展环境较差。一是，在我国农业领域私人资本的渗透逐步加深，许多龙头农业企业是私营的，这使农村竞争环境不利于农民专业合作社的发展。农民专业合作社很难与龙头企业竞争，这是大量龙头企业趁机插手领办农民专业合作社的重要因素。二是，发展农民专业合作社的社会基础较差。农民的民主意识、参与意识、合作精神、竞争意识较低，许多农民在加入农民专业合作社后，不知道利用怎样的民主程序，如何讨价还价，来维护自己的利益。三是，农民对农民专业合作社存有疑虑，一方面受历史上农业合作化的负面影响较深，另一方面对加入农民专业合作社可能带来的利益，难以得出准确的判断，从而做出决定。

第六，组织的文化支撑问题。农民专业合作社需要合作文化、合作精神支撑，但“中国农民组建合作社，在很大程度上并不是追求某种理念，而是因为合作社这种组织可以保障其经济利益，中国农民合作社的人文基础还很不牢固”②。这个问题将在农民专业合作社的发展中逐步体现出来。不解决组织的文化支撑问题，将不利于农民专业合作社的发展。

中国几千年的自然经济使农民长期处于高度分散状态中，改革开放后，农村家庭经营制度也使农民处于分散状态，这种分散使农民的组织与协作受到影响。今天，农民专业合作社并不是在合作文化、合作精神的引领下形成发展的，而是农民在组织短缺、协作不足所致的严重经营问题出现时形成发展的。然而在农民专业合作社形成后，如果缺少合作文化、合作精神的支撑，那它将缺少健康科学发展的文化支撑，农民

---

① 贺雪峰：《经济合作组织：高合作成本低合作收益如何解决》，《人民论坛》2006 年第 17 期。

② 张晓山、苑鹏：《合作经济理论与中国农民合作社的实践》，首都经济贸易大学出版社 2010 年版，第 3 页。

专业合作社也将慢慢地萎缩。

二、农民专业合作社存在问题的成因

如上所述，农民专业合作社在为农村经济社会发展作出较大贡献的同时，自身也存在种种问题。一方面，这些问题会导致农民专业合作社属性的漂移，以及其应有的功能作用弱化；另一方面，这些问题将成为社会主义新农村建设中新的不利因素。怎样解决这些问题，本书将在后文阐述，这里仅就产生问题的原因加以分析。

种种问题源于种种因由，农民专业合作社的种种问题源于多个因由：

第一，政府的原因。自从2007年《农民专业合作社法》实施以来，农民专业合作社发展快，数量猛增，问题也同步涌现。这与政府的引导、管理和监督有很大的关系。在课题组调研金州某苹果专业合作社时，发现此合作社的前身是一水果批发店，后来之所以将水果批发店转为专业合作社，主要是因为政府对农民专业合作社的优惠政策。在实际中，不乏一些非"合作社"性质的农业经济组织加入农民专业合作社行列。这里需要强调的是，各地政府应按照法律和政策，制定出管理和监督农民专业合作社的具体原则措施，对于那些不符合原则的农业经济组织，让其回归本位。对于以下情况：即不符合农民专业合作社社员制度的，农民社员没有占到农民专业合作社成员总数的80%的；没有健全的内部组织机构的；没有实现入社自愿、退社自由的；没有实现盈余按社员的交易额比例返还的；等等，政府部门要组织清理。也就是说，要避免由于政府的优惠政策，使得一些非互助合作性的农业经济组织，也摇身一变而成为农民专业合作社。

同时，在促进农民专业合作社发展中，各地政府出于发展经济的需要，也出于提高政绩的目的，往往追求农民专业合作社数量的增长，而忽视它们质量的提升及其功能定位。在现实中，任何事物的快速发展，必然有其悖论随之。农业经济组织的培育和发展有其内在的规律和要求，农业企业、农户、种养大户、农民专业合作社、农村集体经济组织各有各的特征和功能，不能混淆。现代农业的发展需要一个科学合理的农业经营主体体系。农民专业合作社不能替代农户、农业企业等其他农业经济组织，它有自己独特的功能特征及运作机理。反过来，其他农业经济组织也不能因政府给予农民专业合作社优惠政策，而摇身变为农民专业合作社组织。

自20世纪80年代农民专业合作社萌生到90年代初，党和政府尊重农民的创新性实践，对其持以支持和鼓励的态度，但这时仅有党和政府宏观上的鼓励和支持政策，还没有针对农民专业合作社的具体鼓励和支持政策，也没有针对农民专业合作社的具体管理及政策措施。当时，"涉农政策中有关农民合作经济的内容，主要集中在两个方面：一是政府对农民合作经济组织的认识、态度和立场，二是政府对农村社区合作经济组织的建设和对供销合作社、信用合作社的改革。"① 进入20世纪90年代，由于农民专业合作社富有生机，得到党和政府的关注。1993年，中国科学技术协会在全国开展"百县千会"试点工作，扶持了1000个农村专业技术协会开展典型示范②，为党和政府制定实施具体的农民专业合作社管理政策和措施，提供了丰富的素材。此后，党和政府开始着手制定针对农民专业合作社的具体政策措施：一是1994年国务院指定农业部负责指导农村经济组织建设工作，农业部作为农民专业合作社主管部门的身份得到确认。二是，各地试点工作展开。三是，财政部、国家税务总局、科学技术协会等的扶持政策措施开始出台。1994年，财政部和国家税务总局联合发出通知（国办发［1994］81号），规定对农民专业合作社免征所得税。但是，与农民专业合作社的迅速发

① 任梅：《中国农民专业合作社的政府规制研究》，中国经济出版社2012年版，第67页。
② 韩俊：《中国农民专业合作社调查》，上海远东出版社2007年版，第5页。

展相比，政府的管理明显滞后，这主要在于：一是，当时政府的鼓励和支持政策是有限的。二是，农民专业合作社的发展遇到法律和制度的瓶颈。直到2006年，才制定《农民专业合作社法》。

第二，内部治理的原因。农民专业合作社存在的种种问题，有来自外在的因素，也有自身的原因。就农民专业合作社自身而言，组织本身的目标和管理会导致合作社的种种问题。农民专业合作社成立之初，其组织的目标是服务社员，如果在实际中逐步偏离这个目标，就会引起连锁反应，其中内部的民主治理、盈余按交易额返还、以农民社员为主体、一人一票制等这些合作社的运行规则都将受到影响。此外，农民专业合作社的组织机构健全、运作规范等，也是合作社内部治理问题。农民专业合作社内部治理得很好，问题自然减少。

第三，在现实中，有的农民出于种种顾虑，而站在农民专业合作社门外，有其历史原因。20世纪50年代的我国农业合作化，有其成功的经验，也有失误和教训，尤其是人民公社化时期，反面的素材较多，对农民的影响较大，以至于今天依然有“谈合色变”的说法。所以，尽管农民专业合作社实行入社自愿，但不排除一些农民心怀顾虑。同时，改革开放以来，我国农村经营制度发生了深刻变化，从过去的集体统一生产经营，转为以家庭经营为基础的、统分结合的双层经营体制。家庭的分散经营已经普遍化，并长达30多年。尽管家庭经营有其短板，但已为农民所习惯。可以说，农民受到习惯化的家庭经营的影响，是农民专业合作社发展的一个影响性因素。

第七章　社会主义新农村建设中农民专业合作社发展的关键问题

近些年来，农民专业合作社快速发展，并在一定程度上发挥了它服务于农业农村的作用。但是，速度不代表一切，或者说，速度不能充分说明农民专业合作社是否实现了健康科学的发展。事实上，确实存在一些功能不佳、组织制度不完备、运营不规范的农民专业合作社。所以，当农民专业合作社越是快速发展时，它的科学发展问题就越加凸显。诚然，任何组织组建后，都有健康规范的科学发展问题，而农民专业合作社作为互助合作经济组织，缘何要实现它的科学发展呢？这要从农业农村发展的大局及社会主义新农村建设的高度论起。以推进社会主义新农村建设为目标，实现农民专业合作社的科学发展，需要关注和回应的问题较多，有宏观层面的方向性、原则性问题，也有微观层面的具体问题。本书主要从宏观上讨论实现农民专业合作社科学发展，使其富有生命力，必须回应的几个关键问题：一是，坚持正确的发展方向，即社会主义发展方向，确保农民专业合作社的互助合作经济组织属性不漂移。二是，实现政府对农民专业合作社的科学管理。三是，关注农民专业合作社的发展趋势及其生命力。

第一节　坚持正确的发展方向

发展方向问题，是事关农民专业合作社科学发展的重要问题，必须给予高度重视。

一、坚持社会主义发展方向

农民专业合作社的发展与一定的社会生产方式相关联。一方面，农民专业合作社发展成为怎样的经济组织，受社会生产方式的影响；另一方面，农民专业合作社又影响着社会生产方式。作为互助合作经济组织，农民专业合作社是演进的。既然有演进，就有演进的方向和趋势问题，农民专业合作社也有其发展趋势问题。在我国，农民专业合作社是社会主义农业农村发展中的组织形式，它应坚持社会主义发展方向。

第一，能否坚持社会主义发展方向，是农民专业合作社能否实现科学发展的关键。农民专业合作社之所以要坚持社会主义发展方向，主要在于以下原因。

首先，我国“坚持公有制为主体，多种所有制经济共同发展”这一基本经济制度决定了农民专业合作社的社会主义发展方向。对农业农村的社会主义发展方向，作为改革开放总设计师的邓小平曾指出：“中国社会主义农业的改革和发展，从长远的观点看，要有两个飞跃。第一个飞跃，是废除人民公社，实行家庭联产承包为主的责任制。这是一个很大的前进，要长期坚持不变。第二个飞跃，是适应科学种田和生产社会化的需要，发展适度规模经营，发展集体经济。”① 邓小平还提出：“社会主义经济以公有制为主体，农业也一样，最终要以公有制为主体。”“从长远的观点看，科学技术发展了，管理能力增强了”，“农村经

① 《邓小平文选》第三卷，人民出版社 1993 年版，第 355 页。

济最终还是要实现集体化和集约化。”①“仅靠双手劳动，仅是一家一户的耕作，不向集体化集约化经济发展，农业现代化的实现是不可能的。就是过一百年二百年，最终还是要走这条路。”②邓小平阐述了农村改革发展“第二个飞跃”的几个关键点：一是，从生产关系上，农业农村要沿着公有化（土地等主要生产资料的集体所有）的方向行进，公有化是农业农村社会主义发展方向的根本所在。二是，农业生产的规模化、集约化、社会化，即现代化。三是，农业组织要创新，不能以农户为主，农户难以成为农业集体化、集约化、规模化的组织载体。四是，农业农村的发展要有科技的支撑。这几个关键点归结起来，即是农业农村的社会主义现代化。

从实践的角度，我国的农村改革发展已经实现了“第一个飞跃”，但还没有实现“第二个飞跃”。今天，虽正朝着这一方向努力，但行进中的问题也不少，其中最为重要的是农村集体经济被虚化的问题。在农业农村发展中，要坚持历史唯物主义，既要防止过去离开生产力发展水平，抽象地谈论农村生产关系变革问题，也要防止不问生产关系如何，聚焦农业生产力的问题。对于我国来说，发展的确是硬道理，但这种发展，不是离开中国特色社会主义的发展。当今办得如火如荼的农民专业合作社能否健康科学地发展，对实现农村改革发展的“第二个飞跃”十分重要，又是实现农村改革发展“第二个飞跃”的要求。

我国基本经济制度规制着农业农村经济社会发展以及农村经济社会组织的演进。虽然农民专业合作社承认社员的个人利益及私人财产，但它的发展从根本上说，并不在于大力发展农村的非公有制经济，而是发展农村合作经济，并与农村集体经济相联结。同时，合作经济的发展

① 中共中央文献研究室：《邓小平年谱 1975—1997》（下），中央文献出版社 2004 年版，第 1349 页。

② 中共中央文献研究室：《邓小平年谱 1975—1997》（下），中央文献出版社 2004 年版，第 1350 页。

虽然不等于农村集体经济的发展，但合作经济与公有制经济有许多联结点及相容因素，合作经济的发展与农村集体经济的发展相容不悖。所以，在农村，坚持我国基本经济制度，就应坚持农民专业合作社的社会主义发展方向。

其次，服务于社会主义新农村建设是农民专业合作社必有的担当。农民专业合作社作为互助合作经济组织，在农业农村发展中发挥着重要的经济社会功能，是当前社会主义新农村建设的重要载体。生产发展、生活宽裕、乡风文明、村容整洁、管理民主是社会主义新农村建设的基本要求和任务目标，实现这一目标的过程，也是实现农村改革发展“第二个飞跃”的过程。如果农民专业合作社能成为社会主义新农村建设的重要载体，为社会主义新农村建设发挥重要作用，那么它必须坚持社会主义发展方向。

第二，坚持农民专业合作社的发展沿着社会主义发展方向行进，主要表现在以下几个维度。

首先，坚持党和政府对农民专业合作社的引领。中国共产党以马列主义、毛泽东思想和中国特色社会主义理论体系为指导，以实现和发展社会主义和共产主义为政治理想，以实现最广大人民的根本利益为基本政治立场。只有在党和政府的引领下，农民专业合作社运作才能与党的纲领路线呼应，才能确保农民专业合作社以社员的利益为重，才能使农民专业合作社各项工作符合党和国家的大政方针。

中国共产党对农民专业合作社的领导，主要通过党的路线、纲领、政策的引领，在具体实际工作中，主要是各级政府对农民专业合作社的引导、服务、协调和规范等。

其次，遵循自愿、民主、平等、互利的原则。农民专业合作社是经济组织，经济功能是它的主要功能，社员加入农民专业合作社的目的主要是经济目的。这要求农民专业合作社具有开放性，遵循进入自愿及退出自由的原则，虽然这种开放性致使合作社社员有一定的流动性并由此可能产生组织的不稳定性。但是，与限制社员进退社自愿自由的封闭性农民专业合作社相比，开放性的农民专业合作社具有较大的优越性：农民自愿自由加入或退出农民专业合作社，这使农民没有太多的后顾之忧，不至于挫伤社员的积极性，不至于因社员的固化导致组织效益低下，等等。

民主管理、民主精神、民主原则是农民专业合作社坚持社会主义发展方向所不可或缺的。社会主义民主实践主要体现在基层组织之中，农民专业合作社践行民主原则，坚持民主原则，实现民主管理，就是在坚持社会主义发展方向。

农民专业合作社是广大社员的合作社，其运营应体现平等公平的原则，这是它作为互助合作经济组织的基本要求，也是它坚持社会主义发展方向的体现。农民专业合作社作为互助合作经济组织，社员因互助合作而达到自助，其发展的结果应该是合作经济组织力量的增强以及广大社员的共同受益，正因为农民专业合作社是广大社员（主要是农民）的合作社，所以要避免农民专业合作社被少数人控制，防止农民专业合作社受资本控制致使少数人受益的不公平现象的出现。

农民专业合作社以社员的共同富裕为宗旨。共同富裕是社会主义的本质要求，这里的“共同”指在全社会范围内的共同。农民专业合作社倡导合作文化，为确保合作理念的持续落实，在合作社内，对个人资本的比例有最高限制，实行有限的资本收益。在农民专业合作社内，社员合作的目的在于：实现社员的“共同富裕”。同时，农民专业合作社的共同富裕以承认社员的个人利益为基础，农民专业合作社不触动社员的私产，不触动农户的土地承包经营权。

再次，农民专业合作社的公共积累属于全体社员，为全体社员所有。这种公共积累的增量是一定数量社会成员公共财产的增量，这种增量与农村集体经济相容。农民专业合作社公共积累不断扩大，使财产的共有在一定组织内得到实现，这是对强资本的一种回应，是其坚持社会主义方向的体现。

第三，确保农民专业合作社的正确方向即社会主义方向，需要营造有利于农民专业合作社科学发展的环境。农民专业合作社作为农村微观经济组织，是在一定的经济社会环境中产生的，又是在一定的经济社会环境中生长的。制度政策环境、市场秩序及竞争状况、文化氛围等对农民专业合作社的发展有一定的影响。所以，党和政府以及社会负有营造有利于农民专业合作社发展优良环境的任务，确保农民专业合作社的正确方向。

首先，营造有利于农民专业合作社增量的社会主义因素，确保其社会主义发展方向的舆论环境和文化氛围。学术研究无禁区，同时学术研究的科学取向不容否定。目前，关于农业龙头企业、种养大户领办乃至控制农民专业合作社问题，学术上的争论较多，有的加以肯定，有的持中立态度，有的表示否定，其中肯定的声音较强。对此要考虑以下几点：一是，要正确理解农民专业合作社的“民管、民办、民受益”问题。这里的“民”指的是合作社的全体成员，而不是民营企业主、种养大户。在实际中，要防止农民专业合作社的民营化。二是，不能简单地将农户加入农业龙头企业、种养大户领办乃至控制农民专业合作社理解成为农户的自愿。历史上，人民公社曾遍地开花，但并不是出于农民的自愿。为解决独立经营和进入市场困难问题，农户在没有更好选择的情况下，加入农业龙头企业、种养大户领办乃至控制农民专业合作社，是一种权宜之计。如果以广大农民以及合作社社员的利益为重的话，那么农民专业合作社管理者、控制者、受益者应该是全体社员，同时农民专业合作社体现的是公平、合作、民主的理念。目前，对于龙头企业、种养大户领办的农民专业合作社，应发挥它的积极效应，并注意通过法律和政策的手段，逐步将其引到农民自主、自助、自愿、互利互助的发展方向上来。

其次，营造有利于农民专业合作社增量社会主义因素的法律政策环境。政策体现一定的理论思维，是执政党的路线、纲领的具体化。坚持和发展中国特色社会主义，就要求与农民专业合作社相关法律是中国特色社会主义法律体系的组成内容，有关农民专业合作社的法律政策反映的是社会主义初级阶段的基本路线和基本纲领。农民专业合作社的法律政策应起到引领农村广大农民共同致富、促进社会主义新农村建设的作用。反之，农民专业合作社的发展则不符合社会主义价值取向。

在实际中，不能仅将农民专业合作社视为经济组织。按照马克思主义观点，从来没有脱离政治的经济，理论上将农民专业合作社去政治化，将使其失去正确的发展方向。在农民专业合作社内实现全体社员共同富裕的价值理念，以及营造良好的法律政策环境，对确保农民专业合作社的社会主义发展方向十分重要。

再次，正确借鉴国外农业合作经济组织发展的经验。当今，作为经济组织，合作社遍及世界160多个国家，涉及工业、农业、交通运输、金融、医疗、科教文卫等领域。国外合作社的发展有较多成功经验可资借鉴，例如，合作社发展中所固守和坚持的民主原则、资本报酬有限原则、按惠顾额分配盈余原则等。今天，这些经验对于我国农民专业合作社的健康科学发展有重要的借鉴意义。

就国外农业合作社而言，其发展历史较长，实践中的成功案例较多，其中加拿大、挪威、荷兰等国的农业合作社具有典型意义。例如，在挪威，90%以上的农民参加了合作社，合作社社员生产的牛奶占全国奶业的99%。国外农业合作社主要有专业性农业合作社和综合性农业合作社两种，专业性农业合作社类似于我国农民专业合作社，以某项农产品或者某一服务功能为主，组成合作经济体，综合性农业合作社是集合多种涉农服务功能为一体的合作经济体。

必须承认，由于不同国家的自然状况、经济、政治和历史文化背景不同，农业合作社也呈现出不同的特点及发展模式。对于国外农业合作经济组织发展的经验，要以辩证否定的态度对待。既要认识到各国农业合作社作为合作经济组织应有的一般共性特征，又要认识到各国农业合作社的差异和个性。照搬当今北美的“新一代合作社”做法，照搬日本农协、以色列的“莫沙夫”经验，都不适合我国农民专业合作社的发展。对于我国来说，只能借鉴国外农业合作社带有共性的成功经验。历史上，我国曾有过照搬苏联集体农庄的教训，今天不能再重蹈覆辙了。

二、确保互助合作经济组织的属性不转移

当前，“处于社会主义初级阶段的合作社在实践中必然呈现异质性和多样性特点，它们只有在发展中才有可能逐步规范。关键是合作社朝什么方向发展。在今后合作社的发展进程中，作为社员的农民（从事农产品专业生产或营销的农户）能否成为专业合作社的主体，他们在合作社中的经济利益是否能得到维护，民主权利能否得到保障，他们获取的剩余能否增加，合作社的资产所有权、控制决策权和受益权是否能主要由他们拥有，这应是农民专业合作社未来走向健康与否的试金石。”[①] 所以，我国农民专业合作社发展迅速，数量剧增，其中问题也不少，有的虽然冠以合作社之名，但因其互助合作经济组织的属性已转移，已不是真正意义上的互助合作经济组织了。所以，目前农民专业合作社的组织边界不够清晰，有的经济组织冠以合作社之名而非合作社之实。农民专业合作社的健康成长问题明显存在着。为此，坚持农民专业合作社的科学发展，还必须确保互助合作经济组织的属性不转移。笔者认为，农民专业合作社具有较强的生命力，除了在方向上坚持社会主义发展方向之外，还要确保其互助合作经济组织属性不转移，对此当前还应关注以下几点。

第一，确保互助合作经济组织属性不转移，主要看农民专业合作社为谁服务，谁是合作社的主体。坚持农民专业合作社为社员服务，而不是为资本服务，这表明：社员既是农民专业合作社的客户，又是惠顾

---

① 张晓山、苑鹏：《合作经济理论与中国农民合作社的实践》，首都经济贸易大学出版社2010年版，第14页。

者；社员不仅是农民专业合作社资产的所有者，而且是农民专业合作社服务的使用者。在农民专业合作社内，社员是客户与惠顾者双重身份的统一，或者说，社员是农民专业合作社的资产所有者及其服务的使用者双重身份的统一，这样才能确认它的合作经济组织属性。

农民专业合作社属于经济组织，与其他经济组织共同发挥其在农业农村的经济社会功能。农民专业合作社不是农业农村经济社会发展的唯一经济组织，它只是农业农村经济社会发展中的一种经济组织形式。与其他经济组织比较，例如，与数量众多的农户和实力较强的现代农业企业比较，它的成长有自己的空间、条件以及规律。认识不到这一点，现实中已经成长起来的农民专业合作社不可能逃脱自灭的命运。

明了的现实在于：农户是当前农村广泛存在的经济组织，农民作为农户这一经济组织的成员，同时参加农民专业合作社。他们的着眼点、落脚点是自家经营效益。如果农户参加了专业合作社后，不能增量家庭经营的收入，就没有农户会参加合作社的。所以，农民专业合作社的生命力主要在于：这一组织能否和在多大程度上为农民的家庭经营提供有效的服务，同时能否和在多大程度上为农民所在的社区带来福利。这样，农民专业合作社必须始终保持自身的合作经济组织属性。此外，农民专业合作社也只有保持自有的合作、财产共有的组织特性，才能避免它的异化，从而不为其他组织所覆盖或替代。

在实地调查中，我们发现，存在着一些农民专业合作社偏离合作经济组织轨道的倾向。农民专业合作社牵头者是某一农业企业所有者和经营者，他的业务范围既有农业企业经营内容，又有农民专业合作社经营内容，鱼目混珠。在农民专业合作社中，广大社员是否是农民专业合作社的主人，是否以民主的方式参与本社重大决策，即谁是合作社的主体，这是衡量合作社是否是合作经济组织的又一标准。农民专业合作社不仅要求以农民为主要社员，同时要求农民是农民专业合作社的主体及掌控者。其中农民是否拥有农民专业合作社的产权，是农民能否成为农民专业合作社掌控者的关键，也是农民专业合作社能否健康发展的关键。在市场经济中，分散的农民处于弱势，他们加入农民专业合作社的目的在于：通过互助到自助、增益。如果农民在农民专业合作社中失去主体地位，那么他们难以依托这一组织达到自助、增益的目的。由此农民积极性将受挫，部分农民可能退社，农民专业合作社要么萎缩，要么演化为以谋利为主的农业企业或公司。今后，确保农民的主体地位和农民的权益是农民专业合作社健康科学发展的关键。

尤其需要斟酌的是农业龙头企业加入或领办农民专业合作社的问题。农业龙头企业与农民利益的联结是一个理论问题，也是一个现实问题。龙头企业积极加入农民专业合作社，或者是它积极地直接领办农民专业合作社，一方面，是他们关注政府对农民专业合作社的扶持态度及优惠政策的结果；另一方面，龙头企业需要分散农民提供低价的农产品。在现实中，一些由农村社区发展起来的龙头企业，因其扎根于农村，它的发展一般不会很快偏离农村，因此，这样的龙头企业有带动农民致富的作用，也可能在一定程度上促进农村社区经济发展。所以，在一定限度内，这样的龙头企业主导的农民专业合作社与外来龙头企业主导的农民专业合作社，还要区别对待。

第二，正确对待农民专业合作社及其社员与公司的关系。能否确保其互助合作经济组织属性不转移，处理好农民专业合作社及其社员与公司的关系，是一个重要问题，这个问题实质上是公司领办合作社的问题。在农业产业化进程中，“公司＋农户”的模式曾备受理论界的肯定，但在实际运作中，公司往往处于强势地位，是这一模式的最大受益者；农户往往是公司的原料供应者，分享较小的收益部分。继农民专业合作社形成发展之后，“公司＋农户”模式进一步扩展为“公司＋合作社＋农户”模式。在这一模式下，如何评判合作社的属性，这关键还是要看合作社中的农户与公司的利益关联，二者是否是利益共同体，是否是互为依存的平等合作伙伴。

三、沿着综合化的方向发展

从当前农民专业合作社发展的实际调研中，已经得出了农民专业合作社综合化发展趋向的结论。农村综合服务合作体系将是在农民专业合作社基础上形成的，是农民专业合作社深入发展的结果。目前，农村综合服务合作体系还没有形成构建起来，仅仅出现了这一势头。在实际中，应关注这一问题。

第一，如果承认农民专业合作社功能的有限及其不足，那么农村经济组织的创新将持续推进，农民专业合作社的演进不可避免。农民加入专业合作社后，因合作社的专业性，它向农民社员提供的是生产经营某一环节上的专业性服务，而我国农民虽然土地经营规模不大，但大多都是兼业的，兼业农产品多样。仅就技术服务而言，一个农户不只需要一种农业技术服务。同时，尽管农民专业合作社规模在不断扩展，但总体上其覆盖面是有限的。在实际中，之所以出现合作社的联合迹象，是因为单个农民专业合作社功能有限，因此，解决农民专业合作社功能有限性问题，需要通过发展“专业”之外的农村综合服务合作体系，这便是农民专业合作社综合化发展的趋向。在实际中，“推进财政支持农民合作社创新试点，引导发展农民专业合作社联合社。”①

第二，农村综合服务合作体系是在国家权力有限介入以及现有农民专业合作社发展的基础上，集经济功能和一定社会功能于一体的涉农经济组织，它以农户为服务对象，开展涉农综合服务工作。同时，农村综合服务合作体系与农民专业合作社并不互斥，它是对农民专业合作社的补充而不是替代。

农村综合服务合作体系将是多层次的农民合作经济体系，有农村社区的、县乡一级的和全国性的涉农综合服务合作经济组织，各层次农

① 《中共中央国务院关于“三农”工作的一号文件汇编》(1982—2014)，人民出版社2014年版，第284页。

村综合服务合作经济体系兼有金融合作、购销合作、生产合作的服务功能。未来我国农村综合服务合作经济体系的构建应借鉴韩国和日本农协的经验及做法。

在农村综合服务合作体系构建中，政府应发挥应有的作用，如立法政策上的支持、资金扶持、监督及引导等等。但是，需要政府介入及发挥作用，并不等于政府过多涉入农村综合服务合作体系运营。农村综合服务合作体系作为独立的经济实体，其在市场中的自主性不能丢掉。

第二节　实现对农民专业合作社的科学管理

科学管理本身就是效益。农民专业合作社能否实现科学发展，能否有效发挥它的组织功能，从而促进农村经济社会的发展，受多种因素的影响，其中实现对它的科学管理，是一个关键因素。同时，农民专业合作社的科学管理与农民专业合作社内部治理不同，从内涵和外延上，农民专业合作社的科学管理不同于农民专业合作社的自身治理，农民专业合作社的科学管理包括党和政府对它的领导和管理，也包括组织内部的管理或治理。就党和政府对它的领导和管理而言，主要包括科学决策、立法工作、引导、服务、支持、规范等等。如果谈及农民专业合作社自身治理，那只是从组织内部的管理运作而言的，同时，组织内部的管理运作从来都离不开党和政府的领导和管理。因此，纯粹意义上的农民专业合作社自身治理是不存在的。农民专业合作社自身治理的主要做法：依据法律政策，理顺组织内部产权和利益关系；建章立制；健全内部机构；依法运营，等等。

一、实现对农民专业合作社科学管理的重要性

在这里，科学管理主要是党和政府对农民专业合作社科学管理问

题，其中内含一定的农民专业合作社自身治理问题。在我国，任何经济组织都要接受党和政府的领导和管理，农民专业合作社也不例外。同时，管理是一门科学，科学管理的目的在于，实现一定的任务目标。从社会主义新农村建设的角度，有效发挥农民专业合作社的作用，必须重视对农民专业合作社的科学管理问题。

第一，实现对农民专业合作社的科学管理，是党科学施政的要求，也是政府的责任。中国共产党代表着中国最广大人民的根本利益，各级政府主要是出于增进公共利益的目的而作为的。

首先，实现对农民专业合作社的科学管理，能保护和增进广大农民的利益，促进社会公正。农民专业合作社的主要社员是农民。今天，农民在社会中处于弱势地位，实现对农民专业合作社的科学领导和管理，规制合作社的健康发展，不仅能增加农民收入，而且能促进社会分配趋向公正公平。农业生产的特点、农业的弱质性以及农业在国民经济中的基础地位等决定了党和政府实施保护农业政策的必然性。党和政府的农业保护支持政策的落实总要通过一定的组织载体，而相对于其他以追逐利润最大化的农业企业，农业专业合作社是更加有利于保护和实现农民利益的组织形式。如上文所述，农民专业合作社以农民为主体，资本报酬有限，实行盈余返还，坚持民主管理和社员进退社自由的原则，等等，农民专业合作社的发展意味着广大农民社员受益。所以，与其说党和政府支持农业发展的政策可以通过农业企业落实，不如说党和政府支持农业发展政策通过农民专业合作社落实更好。这样，才能充分显现党和政府政策的经济和社会效应。

其次，对于党和政府来说，实现对农民专业合作社的科学管理，就是在提高党在农业农村的施政能力，尤其是提升政府管理农业农村的绩效。党和政府通过加强对农民专业合作社的管理，促进其科学发展，具体体现在：一方面，农民专业合作社的发展可以促进市场竞争；另一方面又能改善市场竞争环境，体现了党和政府对农业农村经济发展的领导力。

第二，从农民专业合作社自身发展来说，它接受党和政府的领导和管理，是不可或缺的。农民专业合作社的创建和发展有其内在的驱动力，也有外在的影响因素，但无论如何，它始终是党和政府管理下的合作经济组织。

首先，在农民专业合作社初创阶段，它的发展特别需要党和政府外在力量的促进和影响。尽管进入21世纪以来，农民专业合作社发展迅速，其数量和社员数量剧增，从但总体上看，农民专业合作社发展历史较短，还处于起步阶段。农民专业合作社的组织化水平不高，存在量的增长与质的提升不协调现象，存在着发展方向的不确定等现象。所以，它特别需要通过党和政府的科学有效的领导和管理，沿着正确的方向成长壮大，走向成熟。

其次，发展中的农民专业合作社离不开党和政府的观照。有关农民专业合作社的政策制定和立法工作、合作社教育、对合作社的财政扶持、农业技术的推广工作、相关优惠服务等都离不开党和政府的观照。同时，党、政府与农民专业合作社的干预与被干预、引导与被引导、支持与被支持、规范与被规范的关系还由既定的外部制度环境决定。我们必须承认社会主义市场经济体制不够完善、行政管理体制不够完善、农民受教育程度及职业技能素质不高，农民专业合作社的发展必须要有党和政府的引导、支持和规范。同时，对于党和政府来说，发展现代农业，建设社会主义新农村，需要引导广大农民探索和创新组织形式。从另一个角度看，党和政府支持农民专业合作社的发展，也是实现新时期建设社会主义新农村战略任务的需要。

第三，如上所述，自20世纪80年代农民专业合作社萌生后，在一定时期内，党和政府对农民专业合作社的管理滞后，为此非常有必要加强党和政府对农民专业合作社的管理，并实现对其管理的科学化。

进入21世纪以来，党和政府加强了对农民专业合作社的领导和管理，针对农民专业合作社的运营、注册登记、会计工作、财政扶持、项目倾斜及管理、示范引导等具体政策纷纷出台。2007年7月《农民专业合作社登记管理条例》正式实施，与此同时，《农民专业合作社示范章程》正式实施。2008年1月《农民专业合作社财务会计制度（试行)》正式实施。更为重要的是《农民专业合作社法》于2006年10月制定出台，2007年7月正式实施。

尽管进入新世纪以来，党和政府加强了对农民专业合作社的领导和管理，但领导和管理还存在是否科学的问题。党和政府在加强对农民专业合作社领导和管理的同时，还应关注领导和管理的质量、效能、到位等问题，即实现对农民专业合作社的科学管理。

二、对农民专业合作社管理的主要内容及方式

在农民专业合作社发展中，党和政府要把握方向，为它的发展提供必要的政策支持、人才支持、信息支持和资金支持等。引导、扶持、服务、规范是党和政府对农民专业合作社的应然责任。

第一，优化软环境，引导和规范农民专业合作社健康发展。近些年来，国家关注制度环境问题对农民专业合作社的影响，并做了大量工作，但今后还要持续努力。

首先，关注法律层面的完善。我国已颁布并实施了《农民专业合作社法》，有了合作社运营的法律依据，但法律还不完善。例如，有的农民专业合作社是在工商部门注册的，有的因历史原因是在民政部门注册的。在实际中，后者还按照合作经济组织对待，这实际上是因现有法律没有做出明确规定的结果。如果法律上有明文规定，即对曾在民政部门登记的农民专业合作社要重新在工商管理部门登记，否则不予以合作经济组织对待的法律规定，就不会存在目前出自两种登记部门的合作社现象。此外，法律政策并没有针对种养大户、龙头企业领办农民专业合作社，做出详细而严格的规制。

其次，加大政策配套衔接的工作力度。自2006年以来，国家制定实施了一系列相关政策，但还要随着农民专业合作社实践的发展以及遇到的新问题而不断完善。一方面，存在某项政策的不完善问题；另一方面，政策的配套性措施不完善，致使政策执行综合效果欠佳。例如，有关农民专业合作社发展的税务、统计、财政政策措施缺乏有效衔接，在各级国民经济统计系统中，没有设立有关农民专业合作社的统计指标；税务部门没有关于农民专业合作社的登记类型。所以，应完善有关农民专业合作社发展的税收、统计、财政等政策，制定相关衔接配套政策。

第二，建立针对农民专业合作社的服务体系。农民专业合作社的服务体系内含注册登记服务、会计及审计服务、人才服务、法律与税务服务、融资服务、信息服务、外联服务等。

协调机制也是农民专业合作社的支持性服务体系不可缺少的。这就要在政府的支持下，开通一个稳定的利益表达渠道，使相关部门及时了解农民专业合作社及社员的愿望和困境，同时也使农民专业合作社能够了解产业部门、金融部门以及政府部门的需求和要求。

在农民专业合作社的支持性服务体系中，资金的支持和融资服务很重要。以项目形式出现的政府资金上的支持，重在做好资金使用的管理和监督工作。一定要完善专项资金的管理制度，不能直接拨付大量资金，应阶段性的，并按照合作社发展趋势予以资金支持，要有资金的约束和激励机制。

在农民专业合作社的支持性服务体系中，人才的支持和融资服务也很重要。人才也是政府扶持农民专业合作社的一个重要领域，为此，也要有人才支持的好思路：一是，在部分农科院校开设农民专业合作社管理专业，培养人才；二是，建立社会化的人才培训基地；三是，涉农部门编制相关电教片，组织培训；四是，利用“村官”等机制为农民专业合作社配置人才；五是，在典型示范社建立社会实践基地，培养人才。

三、农民专业合作社科学管理的集中体现

农民专业合作社的科学管理体现在多个维度、多个层面，其中主要在于以下几个方面：

第一，如果进一步观照党、政府与农民专业合作社的良性互动，那它就是农民与党、政府的良性互动。农民与党、政府的良性互动，一方面，体现在农民成为党和政府正确决策实施的自觉力量；另一方面，体现为党和政府在总体上满足农民诉求的条件下持续激发农村社会活力。今天，有数以亿计的农民专业合作社的主体即农民，因此，对农民专业合作社的科学管理，就是科学地领导和管理农民，激发农民的创造力，实现农民与党、政府的良性互动。

在20世纪五六十年代，农村人民公社留给今人难忘的关于党和政府领导管理农村经济组织及其与农民互动的深刻教训。目前，农村经济体制发生了根本性变化，在新的历史条件下，作为农村社会主体的广大农民，怎样实现其与党、政府的良性互动，使其成为社会主义新农村建设的自觉力量，并成为克服党和政府可能在农村出现认识和实践上偏颇的重要力量，以及成为新时期农业农村工作创新主体力量等等，非常重要。我们可以从多个方面得出农民专业合作社需要党、政府的领导和管理的结论，同时在党、政府与农民专业合作社之间，要有持续的良性互动，这是对农民专业合作社科学管理的重要体现和要求。

从党和政府的角度，对农民专业合作社进行管理，要做到既不能缺位，也不能越位，即一方面要加强对农民专业合作社的管理，另一方面要防止国家权力过度延伸到农民专业合作社内部自身治理领域。党和政府对农民专业合作社的领导和管理以有利于农村经济社会发展及农民专业合作社的发展为限度。党和政府的领导管理固然必要，但其领导和管理不能影响其独立性。目前，有由政府主导的农民专业合作社，有由科学技术协会领办的农民专业合作社，还有由中华全国供销合作社领办的农民专业合作社。这些垂直领办型的农民专业合作社导致党和政府介

入较多，是国家权力向农民专业合作社延伸过大的体现，需要加以纠正。

第二，塑造充满生机和活力的农民专业合作社。正如人的社会化是塑造和养成的一样，一个组织的生机和活力是它在与时代呼应中塑造出来的，通过党和政府的有效管理，造就出数以万计充满生机和活力的农民专业合作社，是实现对其管理科学化的重要体现。

作为合作经济组织，农民专业合作社在经济、政治和社会领域具有多维广泛的功能效应：一是，在经济领域，农民专业合作社的运营能够提高农民的组织化程度，优化农业农村经济资源，促进农业生产的专业化、标准化、规模化，增加农民收入，等等。二是，在政治领域，农民专业合作社的民主管理，对增强农民的民主意识、民主参与能力，具有积极作用。这些是为人们所共知的，与此同时，农民专业合作社还有被人们所忽略的组织缺陷。例如，农民联合起来采购和销售，对改变农民的弱势地位有益，但这种行为的拓展和深化便是农民专业合作社的垄断，由此，其运营也可能带来负面效应。三是，在社会领域，农民专业合作社在促进社会公正、人们的协作、农村社区发展等方面，具有积极意义。

通过党和政府的引导、扶持、服务和规范，使农民专业合作社广泛的积极效应得到充分发挥，其潜在的负面影响得到及时的遏制，这是实现对其管理科学化的重要体现。

第三，理顺农民专业合作社内部产权关系。促进农民专业合作社科学发展，不仅要坚持正确发展方向，而且要处理好其外部关系问题，更要优化农民专业合作社内部治理，使其运行较为规范。在农产品标准化、品牌化趋势以及激烈的市场竞争条件下，生产同类农产品或提供同类涉农服务的农民为改变他们的弱势地位，组织发起了农民专业合作社。如果加入合作社的农民实现了自身经济利益的目标，那么他们必须是农民专业合作社产权主体。从另一个角度说，农民专业合作社股金主要为农民社员所持有。促使农民专业合作社内部产权关系理顺，要关注以下问题：

首先，对农民专业合作社领办人及其他社员的出资额设置限制，确保广大农民社员始终是农民专业合作社的主体，农民社员成为合作社的主体，也只有主体才能分享合作社运营的主要成果。所以，要确保农民是农民专业合作社的主体，必须对产权设置限制，这是它与农业企业和公司的不同之处，是社员掌控农民专业合作社的基本保障。种养大户、龙头企业等向农民专业合作社的投入一般不能超过合作社股金的30%（这是法律上的限定，但还要在这个基础上降低百分比。——作者注），从而保证广大社员股金总额在合作社中的主体地位。但在实际中，确实存在龙头企业、种养大户领办控制农民专业合作社的现象。这种现象可能导致种养大户、龙头企业通过农民专业合作社的组织平台，分享更多的合作社运营成果，从而影响其他农民社员分享合作社运营成果。"部分地方大户和部门领办的合作社的负面效果，不能仅仅被看作是发展中的问题，认为可以通过所谓'逐步规范'来解决"①，对农民专业合作社这种带有方向性和原则性的问题，应采取多种政策措施予以遏制。

其次，由于农民专业合作社具有社会主义新农村建设及现代化发展的诸多经济社会及政治功能，无论从政策上，还是法律规制上，政府都负有扶持农民专业合作社发展的职能。但是，对于政府向农民专业合作社的资金投入，不能简单地纳入农民专业合作社股权构成中来，对此要进行严格管理，使之成为共有资产。同时，政府投入农民专业合作社的扶持资金，大多数是以项目扶持的形式下拨的，对此要加强项目扶持资金的科学管理，防止项目扶持资金乱用。

再次，谨防外部资本介入农民专业合作社，并成为农民专业合作社的优先股。要吸取农村合作基金会解体的教训，农村合作基金会本来是改革开放后在农村集体经济组织内部形成的资金合作组织，后来由于

---

① 曹晖：《农民合作社发展方向需要根本性调整——访中国人民大学农业与农村发展学院副教授仝志辉》，《中国老区建设》2009年第2期。

大量的外部资本占据了农村合作基金会的主体，最终导致农村合作基金会走向解体。农民专业合作社有没有较强的生命力，关键在农民专业合作社的内部，而不在外部。就内部而言，产权关系及结构是关键。农民专业合作社由农民的合作达致农民的自助及互利，因此，这一组织不像一般农业企业或公司一样可以吸纳大量外部资本介入。农民专业合作社不容许外部资本介入，这是保持农民专业合作社自有属性的关键，反之，农民专业合作社必将异化。

第四，优化农民专业合作社利益分配机制。人们是为经济利益而加入农民专业合作社的，利益问题是一个重要问题。社员需要获得组织的优质服务，获得本社的盈余返还等等。同时，作为互助合作经济组织，体现在利益分配上，农民专业合作社应趋向公正公平，并体现公正公平的理念，这需要制定较为规范的利益分配机制。

对农民专业合作社的分配问题，我国《农民专业合作社法》有较为明确的规定，《农民专业合作社法》第 37 条规定：在弥补亏损、提取公积金后的当年盈余，可分配盈余按照下列规定返还或者分配给社员：一是，按社员与本社的交易量（额）比例返还，返还总额不得低于可分配盈余的 60%。二是，按前项规定返还后的剩余部分，以社员账户中记载的出资额和公积金份额，以及本社接受国家财政直接补贴和他人捐赠形成的财产平均量化到社员的份额，按比例分配给社员。① 这规定了农民专业合作社盈余返还的两种方式：即按交易量返还和剩余按比例返还。由此可知，法律规定的农民专业合作社盈余分配方式基本上体现的是公平理念及利益共享原则。

在实际中，存在农民专业合作社利益分配机制有待优化的问题：一是，处于初步发展阶段的农民专业合作社合作成本较高，与农业企业相比，从总体上农民专业合作社的盈余不多。加之农民主要是为了获得农

---

① 《中华人民共和国农民专业合作社法》，中国法制出版社 2006 年版，第 14 页。

民专业合作社的服务而入社的，对盈余返还的认识和需求还不是很强。由此，“不少农民专业合作社与成员利益关系连接不紧，没有形成科学合理的利益共享机制”。[①] 二是，在实际中，农民专业合作社运营不规范问题较为常见。在调研中，我们发现，所有的农民专业合作社都有自己的组织章程及规章，但按章运营却不是其全部，有章不循的并不罕见。由于有的农民专业合作社内部管理不规范，有的农民专业合作社甚至没有建立起自己的财务部门，没有专门的财会人员，财务管理较乱。所以，农民专业合作社盈余的分配也难以体现公平理念和利益共享原则。三是，优化农民专业合作社利益分配机制需要凝聚党、政府及广大社员的力量：党和政府要引导和监督农民专业合作社建章立制，尤其是促使其建立健全内部的组织机构和管理制度。同时，党和政府要持续做好宣传工作，做好示范社的宣传及其引领工作，宣传对合作社事业具有奉献精神的典型人物，宣传和弘扬合作精神、合作文化。政府要用经济的手段规范农民专业合作社的发展，例如，税务部门严格区分合作业务与非合作业务，对前者实行免税政策，对后者实行严格的征税政策。

通过具体的措施，发挥社员的监督作用，规范合作社利益机制。在实际中，要“鼓励发展专业合作、股份合作等多种形式的农民合作社，引导规范运行，着力加强能力建设”[②]。

第三节　农民专业合作社的前瞻及其生命力

当前，农民专业合作社已融入到全面建成小康社会实践中，融入

① 农业部课题组：《农业农村经济重大问题研究 2010》，中国财政经济出版社 2011 年版，第 154 页。

② 《中共中央国务院关于“三农”工作的一号文件汇编》（1982—2014），人民出版社 2014 年版，第 284 页。

到社会主义新农村建设中。展望农民专业合作社的未来，它必将与进一步的农业农村改革紧密相联，也必将与进一步发展的农业农村经济社会实际情况紧密相联，必将与社会主义新农村建设及中国特色社会主义农业现代化道路息息相关。农民专业合作社作为新型农民合作经济组织，其未来的前景有很大的变数，如果引导得好，那么它就能对农业农村的跃升式发展产生不可估量的影响，反之不然。

一、农民专业合作社的前瞻

如上所述，实现农民专业合作社的科学发展，需要坚持正确的发展方向，实现对它的科学管理，加强其自身治理。基于农业农村以及农民专业合作社发展的实际，加以正确的引导、科学的管理及有效的内部治理，可以预知，农民专业合作社将对农业农村的跃升式发展产生不可估量的影响。

第一，农民专业合作社的发展与一定的社会生产方式互为关联，受一定生产方式的影响，反过来，农民专业合作社也影响着社会生产方式，农民专业合作社对一定生产方式的影响体现了它的发展方向及趋势。就建设社会主义新农村，实现农村改革发展“第二个飞跃”而言，我国的农民专业合作社有两个发展趋势：一是，有效增量社会主义因素，有利于社会主义新农村建设，为实现农村改革发展“第二个飞跃”创造条件的发展趋势。二是，有悖于社会主义价值取向的发展趋势。

农民专业合作社有效增量社会主义因素，有利于社会主义新农村建设，为实现农村改革发展“第二个飞跃”创造条件的发展趋势主要基于以下两种情形：一方面，它的发展能够增加组织的公共积累，与当下的农村集体经济相容，促进农业生产发展及多数农民增收。另一方面，农民专业合作社的发展遵循自愿、民主、平等、互利的原则，通过其民主平等的组织运行机制及其所蕴含的合作精神、合作文化，培育农民的民主意识及民主习惯，养成农民的合作精神，影响和带动农村基层民主政治发展，推进农村社会主义民主政治建设和文化建设。

农民专业合作社有悖于社会主义价值取向的发展趋势主要在于：农民专业合作社受领办人、大投资者控制，违背合作经济组织的自愿、民主、平等、互利的原则，不能带动大多数农民致富及促进农村社会和谐发展及民主管理，等等。这样，农民专业合作社的发展不仅有悖于合作经济组织的原则，而且有悖于社会主义本质的要求，不利于农业农村的长远发展以及农村改革发展“第二个飞跃”的实现。但在当前，如果农民专业合作社的经营活动不违法，又在一定程度上满足了农民的要求，弥补了农民家庭经营的不足和局限，在一定程度上促进了农业发展。在这种情况下，即使它目前不能有效地增量社会主义因素，也要从战略的高度允许其存在和发展，但要注意对其发展进行引导，使其向着有利于增量社会主义因素，为实现农村改革发展“第二个飞跃”创造条件的方向发展。

第二，从农民专业合作社自身的角度考虑，有以下几个发展趋向：

首先，无论从全国性的实证资料，还是从地区性的个案材料来看，农民专业合作社已经是农村重要的经济组织，其数量、规模、作用都在提升。农民专业合作社的发展过程不仅是新时期农业合作化经验的积累过程，而且是新时期农业合作化走向逐步明朗化的过程。但是，从总体上看，我国农民专业合作社处于发展的初期，还不够成熟。无论是全国范围内的调研数据显示，还是个案分析的结果，目前，我国农民专业合作社发展速度较快，规模在日益扩大，作用也在不断增强。对此，上文数据已充分显示，在此不再赘述。

其次，存在种养大户、龙头企业领办农民专业合作社的取向。理论界有的将种养大户、龙头企业领办的农民专业合作社称之为“新一代合作社”，事实上，我们不能简单地将其视为“新一代合作社”，确切地说，应该是农民专业合作社的异化趋向。原因在于：种养大户、龙头企业领办的农民专业合作社，使农民专业合作社内的合作成分减少，股权成分增量，农民的合作弱化，股份的合作强化。这将弱化乃至虚化农民专业合作社作为合作经济组织的属性特征，并最终使其异化为个别股东控制的农业企业或公司。所以，种养大户、龙头企业主导的农民专业合作社进一步发展的结果是：农民专业合作社的企业化或公司化，并使种养大户、龙头企业通过农民专业合作社的组织平台享受国家优惠政策，与此同时，他们还获取大量的农民专业合作社运营的盈余，这违背了农民专业合作社作为合作经济组织所应有的共同致富的理念。应该说，允许少量的股权进入农民专业合作社并与一定限量的资本合作，将不会影响或改变农民专业合作社的属性，不会违背合作经济组织应有的原则及理念。同时，农民专业合作社内部主体的劳动联合与限量的资本要素联合的融合，能使组织合作更加紧密。但是，目前种养大户、龙头企业领办农民专业合作社的发展趋势，实质上是农民专业合作社在不断资本化、公司化，并逐步转为以营利为主要目的企业或公司。如果从外部环境分析，这种现象的出现与资本主导的经济全球化有关。在中国，发展中国特色社会主义，建设社会主义新农村，对于农民专业合作社的这种发展趋势，不应大力提倡，而应通过政府的引导和规范，使其向着合作经济组织的方向复归。

再次，产业化运营趋势明显。农民专业合作社本身具有较明显的产业特征，在实际运营中，有的农民专业合作社与批发市场对接，有的与超市对接，有的与企业联结。一些农民专业合作社已经不再是最初的向农民提供技术服务、劳动联合、生产资料供给等，而是向“贸工农一体化、产加销一条龙”的产业化运营方向发展。2006 年以来，农民专业合作社发展迅速，产业涉及农机、技术信息推广、养殖、种植、植保、农家乐等各种涉农产业，业务范围涉及农资供应、农业技术推广、农产品加工、储藏、运输、销售等各个环节。产业化运营趋势使农民社员分享了农业生产各个环节的盈余，有利于增加农民收入，壮大合作社力量。对于农民专业合作社的产业化运营趋势，应加以鼓励和推动。

最后，农民专业合作社之间的联合趋势明显，出现了横向一体化趋势。“合作社联社”的出现是农民专业合作社自身发展的产物，具有必然性，因为农户凭借农民专业合作社组织平台进入市场，显然比独自进入市场有优势，但相对于一些大企业大公司，农民专业合作社的竞争力是有限的。为了提高农民专业合作社的市场竞争力，以便间接地提高农户的市场竞争力，农民专业合作社之间的联合已经成为现实。农民专业合作社之间的联合致使农业生产规模扩大，并促进农业生产向纵向的一体化经营推进，这样不仅扩大了农民专业合作社的业务范围，而且增强了农民专业合作社的市场竞争力。

二、农民专业合作社的生命力

毋庸置疑，农民专业合作社是1978年后中国农村改革发展的结果，是农业生产力尤其是农业产业化发展的结果。今后，它的成长及其生命力将与进一步的农业农村改革发展密切关联，也与它的外延性功能如何密切相关。

第一，从长远发展的角度看，农民专业合作社能否富有生命力，能否得到持续健康的科学发展，与其在农业农村改革发展中发挥怎样的作用相关联。确切的说，农民专业合作社能否富有生命力，与它对农村集体经济发展的作用如何，对农业的产业化、集约化、现代化作用如何密切相关。尽管农民专业合作社属于合作经济组织，它理应促进农业农村经济发展，即具有经济功能，除此之外，农民专业合作社还应在农村巩固和完善社会主义生产关系和上层建筑方面发挥作用，即具有社会政治功能。

对于我国农业农村的改革发展，改革开放总设计师邓小平有深刻的论述，他曾指出：“中国社会主义农业的改革和发展，从长远的观点看，要有两个飞跃。第一个飞跃，是废除人民公社，实行家庭联产承包为主的责任制。这是一个很大的前进，要长期坚持不变。第二个飞跃，是适应科学种田和生产社会化的需要，发展适度规模经营，发展集体经济。这又是一个很大的前进，当然这是很长的过程。"①可见，在未来农业农村发展中，社会主义新农村的图景和农业现代化的风标有赖于对家庭承包责任制的超越，有赖于农业农村改革发展的"第二个飞跃"的实现，而"'第二个飞跃'的核心，是引导农业实现适度的规模经营，发展集体经济"②。所以，农民专业合作社的发展能否有利于农业的集体化、集约化和规模化，是其是否拥有持久生命力的关键所在。农民专业合作社有利于农业的集体化、集约化和规模化，体现了它对农村改革发展的有效贡献力——农民专业合作社的生命力。

从发展方向上看，农业农村的发展要坚持社会主义发展方向。邓小平曾指出："社会主义经济以公有制为主体，农业也一样，最终要以公有制为主体。""从长远的观点看，科学技术发展了，管理能力增强了"，"农村经济最终还是要实现集体化和集约化。""仅靠双手劳动，仅是一家一户的耕作，不向集体化集约化经济发展，农业现代化的实现是不可能的。就是过一百年二百年，最终还是要走这条路。"③在这里，邓小平深刻地论述了农业的集体化、集约化和规模化的发展方向。

对于农民专业合作社在农业的集体化、集约化和规模化中如何作为，中共十七大指出："探索集体经济有效实现形式，发展农民专业合作组织。"④中共十七届三中全会强调，"按照服务农民、进退自由、权利平等、管理民主的要求，扶持农民专业合作社加快发展，使之成为引领农民参与国内外市场竞争的现代农业经营组织。"⑤中共十八大强调，发展农民的专业合作，大力培育新型农业经营主体。由此可知，农民专业合作社不仅承载着增加农民收入、发展农业生产的任务，而且承载着农

---

① 《邓小平文选》第三卷，人民出版社1993年版，第355页。

② 李崇富：《李崇富选集》，中国社会科学出版社2010年版，第559页。

③ 中共中央文献研究室：《邓小平年谱1975—1997》（下），中央文献出版社2004年版，第1350页。

④ 《十七大以来重要文献选编》（上），中央文献出版社2009年版，第18页。

⑤ 《十七大以来重要文献选编》（上），中央文献出版社2009年版，第674页。

业的集体化、集约化和规模化的使命。

在此必须指出的是：未来农业的集体化不是对计划经济时期农业集体化的回归，而是农业生产力较为发达基础上的集体化。当前，农民专业合作社主要实现了农民在生产经营上某个环节或几个环节上的合作，为农户经营提供生产环节上的服务。随着农业生产力尤其是农业产业化的发展，农业生产环节的集合及生产一体化趋势凸显，农民专业合作社的运营将体现为集体统一经营的趋势，中共十七届三中全会提出，“统一经营要向发展农户联合与合作，形成多元化、多层次、多形式经营服务体系的方向转变，发展集体经济、增强集体组织服务功能，培育农民新型合作组织”。① 可见，农民专业合作社承担着新的历史条件下的农业集体化重任。

农业的集约化是农业发展方式的根本性转变，使农业生产真正转变为依靠提高生产技术和农民素质的轨道上来。农业生产的规模化是现代农业的要求和标识。

第二，从当前农民专业合作社发展的实际看，它是否具有长久的生命力在于能否有利于社会主义新农村建设。

首先，生产的发展是社会主义新农村建设的首要目标，因此，能否促进农业生产发展，促使传统农业向现代农业转变，容纳现代农业生产要素，这是衡量农民专业合作社是否具有生命力的重要标志。作为新型农民合作经济组织，农民专业合作社对于先进技术的运用以及农业产业化、规模化、标准化、市场化等，都具有促进作用，它有利于农业发展水平及质量的提高。在其未来的发展中，如果农民专业合作社能持续促进农业生产发展，并使农业生产的水平及质量稳步提高，那么其生命力即在，否则，不然。

同时，还要看到当前农民专业合作社的复杂性，它的发展具有不

① 《十七大以来重要文献选编》（上），中央文献出版社 2009 年版，第 674 页。

确定性。农民专业合作社既有增量社会主义因素的发展趋势，还存在有悖于社会主义的发展趋势，更有名不副实的农民专业合作社。对于这些农民专业合作社，只要它们能促进农业生产发展，提高农业生产力水平，都应允许其存在和发展，但对那些有悖于社会主义价值取向的农民专业合作社，要加强引导，规范其发展。另外，2007 年《农民专业合作社法》实施之后，由于党和政府对农民专业合作社采取一定的扶持政策，一些经济组织基于政策上的考量，更名为农民专业合作社，由此出现了有名无实的“农民专业合作社”，对此，需要清理这种虚假性的“农民专业合作社”。

其次，农民增收是衡量农民专业合作社生命力的又一风向标，同时农民专业合作社社员数量的变化，从一个侧面反映出农民专业合作社的生命力如何。只有农民增收了，才能改善他们的生活水平，而农民生活宽裕则是社会主义新农村建设成就的重要表现。从生产经营的角度看，农民很有理性，如果农民专业合作社不能给其经营带来效益，他们是不会加入其中的。同时，农民加入了某一农民专业合作社后，如果不能持续给他们带来经营效益，他们迟早会离开合作社。在坚持自愿互利、进退社自由的原则下，农民专业合作社社员数量的增减，从一个侧面反映出农民专业合作社生命力的强弱。

当前，加入农民专业合作社的农户数量较大，2007 年全国有 2.64 万家农民专业合作社，实有社员数 210 万户，到 2010 年底，全国有 37.91 万家农民专业合作社，实有社员 2900 万户。① 根据国家工商总局网站公布的数据，2014 年，我国有 128.88 万个农民专业合作社，这些数据说明，当前我国农民专业合作社有着旺盛的生命力。农民专业合作社未来状况如何？还要关注实有社员数量变化的情况，假如实有社员数

---

① 农业部农村经济体制与经营管理司等：《中国农民专业合作社发展报告》（2006—2010），中国农业出版社 2011 年版，第 1 页。

出现大幅减少的情况，那就要注意农民专业合作社发展的生机问题了。

再次，农民专业合作社能否或在多大程度上带动乡风文明，这是其生命力如何的又一重要标志。乡风文明是社会主义新农村的灵魂，是新农村和谐发展的精神支撑。缔造文明乡风，形成乡风文明，是多途径多载体共同作用的结果，其中农民专业合作社负有应然的功能。

组织具有文化内涵，正如企业不能没有文化一样，农民专业合作社同样需要应有的文化及文化功能。在其今后的发展中，如果农民专业合作社能对培育新型农民、传播合作文化、容纳农业科技并弘扬科学精神等发挥积极作用，那么它就拥有成长的空间及发展的生命力。

最后，民主管理是社会主义新农村的政治保证，农民专业合作社能否或在多大程度上推进农村管理民主，也是其生命力如何的重要标志。民主管理是合作经济组织的基本原则，农民专业合作社通过其内部的民主管理，影响和促进农村的民主管理。农民专业合作社能否或在多大程度上推进农村管理民主，取决于它自身民主管理的状况和水平，即切实实施民主管理的农民专业合作社，有利于培育农民的民主意识，增强农民的民主参与能力，形成组织民主决策的习惯，等等。此外，是否切实地实施民主管理，影响着农民专业合作社运营效益，从长远观点看，民主管理关乎农民专业合作社自身的成长，间接地影响着农村民主管理的水平。

附录　对大连市瓦房店万家岭镇农民专业合作社的调研访谈

时间：2012 年 6 月 25 日 9：00—11：10

地点：瓦房店富民果品合作社

调研人员：马女士（M）　小李（L）小高（G）　陪同人员（X）

富民果品合作社：张理事长（Z）孙副理事长（S）

万领果品合作社：赵会计（K）

M：这个资料我还没来得及看，很感谢各位，你们也很忙，百忙之中来介绍咱们农业合作社的情况。咱们这里的人员和大致情况这里都有，是不是？我了解到你们合作社带动是 1860 户。

S：对。

M：已有真正的社员是多少？

S：咱们现在的社员是 806 户。就是说现在里面有一个是咱们的注册公司，此外有农户 805 户。

M：806 户？

S：对。

M：公司社员一户。

S：对，公司一户。

M：剩下的都是农户了？

S：对。

L：你是副理事长？

G：对，这位是张理事长，这位是孙副理事长。

M：咱们这个是805户农户社员的话，那他们都是我们的本地住户？

S：对，有万家岭的，有许屯的，都是周边的。

X：咱这是万家岭镇，许屯也是个镇，包含许屯，都在这附近。

M：那这805户，合作社入社有什么条件么？

S：入社没有条件，随便入。

M：是入社自愿？

S：对。

M：有没有入社费呢？或者要交其他什么费用。

S：没有，就是你入股的时候，……咱们家是以现金入股的方式。

M：现金入股，怎么理解？

S：对，比如说……

M：那么我们现金入股是多少钱？有没有上限和下限？

S：还没有规定。

M：平时不再交其他费用？

S：不交不交。

M：那比如说，如果以现金入股这种方式入社的话，那么现金入股有没有限制，十块、二十块或几百块？

S：对，几百、一千两千都可以。

M：都可以入社？

S：对，都可以。那你如果交得少了，分的就少了。

M：阿，这是现金入股的方式，入股的金额没有上限。

S：对，没有上限。

M：自愿入股？

S：嗯。

M：享受返还盈余？

S：对呀。

M：享受返还盈余，……你怎么体现？

S：你的盈余返还是照你……，比如，咱们这边是收购苹果，交来多少（苹果），你要入的多，摊的多，你要入的少就摊的少。

M：那你们的分配就按照合作社法吗？即按照合作社交易量的多少来分配吗？

S：按照这个交易量的，一般给你返还是 65%，嗯，60%—65% 这样，就是大于 60%。

M：嗯，分配是按照交易额？

S：对！交易额和交易量，看哪个都行。

M：那我们是按照交易额为主返还呢，还是按照交易量？

S：一般是按照交易量，交易量不一样，收入不一样。

M：以交易量为标准返还？比如说和公社一年交易量是两万块钱，能返还多少？

S：要是两万块钱那样的话，是两千块钱吧。

L：现在市场存在这样一个问题，就是你们合作社想要出口苹果，一旦市场的价格或者说一些小贩他收购的价格高于你们的收购价格，有些老百姓不履行你们的协议，你们如何约束他。

Z：我这个储藏库这边正在建，现在建了一半，另一半正在建，基本是大连市最大的一个。我可以把苹果卖到来年 7 月份。

S：他那个，就是说咱们收购苹果啊，与合作社就不发生关系了，咱们合作社收购完的苹果就卖给公司了，咱公司员工再卖。合作社加价比市场价高两毛钱。

Z：我经营水果生意 35 年，我从 1983 年经营水果，我认识的客户比较多，经营得好了，老百姓才能信得过，就是诚信。

L：就是“万盈”这个商标。

Z：对，我这个“万盈”商标合作社是大连第一个注册的。也是第一个办进出口的。咱这个合作社办商标，以你自己的品牌卖货。

M：那您注册这个是商标是哪一年注册的？

S：2009年。

M：2009年是么？

S：是2009年办理注册的，是2010年6月下来的。大概是一年半。

Z：去办那个进出口，到大连外经贸，工作人员还以为我这个营业执照是假的，这个合作社的营业执照的封皮小，他没见过这种执照。后来他们才知道这个合作社的营业执照就是这样的，第一个办进出口的。

M：那我请问一下理事长，就是这个占地面积这么多平方米，现在合作社用地包括农户的承包地吗？就是他们的地融入这个合作社了么？

S：没有跟他们发生关系。

M：不跟农户的土地发生关系。

S：对对对。

M：还有一个就是我们现在合作社的资产构成比例。就是比如说，理事长的资产中占有多大的比例，就是这个合作社有个发展（规划），若干年的发展规模越来越大。比如说，理事长的资产和农户的资产，800多农户的资产和您的这个资产所占的比例。

Z：这个所有的资产都是专业合作社的。

M：所有资产都是专业合作社的。

X：就是你们以公司的名义进入专业合作社的资金的比例。

Z、S：就是占20%吧。

M：那也就是你四千万，你有八百万进了专业合作社资金了？

Z：不是不是。

S：是以公司名义入社的资金，达到20%。

M：哦，以公司名义入社资金，那专业合作社成员占80%。

S：对。

M：现在主要经营就是苹果，大连的辽南苹果、梨呀这些。

Z：对，这个地方主要就是苹果，葡萄得去盖州那边，也没有多少土地，全是果树。

M：那我就想问下一个问题，以合作社的名义的业务，公司还有公司的业务，以合作社名义运营的业务主要是苹果的销售么？

S：销售，对。

M：主要是销售，那比如说，我是一个社员，我向合作社投入了两万块钱，那我能享受社里面的服务有什么？

S：就是说，他那个服务，以合作社剩余的本年盈余吧，本年盈余后提出10%留作公积金。等剩下的呢，一般合作社都有合同，咱们的合作社签订收购合同，每年的苹果都卖给咱们，等卖完呢，咱们剩下本年盈余呢，10%的盈余做公积金，剩下的呢是60%，就是按照他的交易量返还给他，他这个收购的价格比正常的市场价还高两毛钱，这里呢，按正常的交易量60%提盈余返还给你，比你正常市场卖还得高出20%。

M：主要是在销售的这个环节，他一个是卖得容易，合作社交易量盈余之后还能得60%—65%交易量的返还。

S：对剩余的，一共是多少钱按剩余的，即剩下的部分……按照剩下的10%（返还）。

M：剩余返还？

X：按股分配，按量分配。

S：这样的话你一家还能多收不少钱，比市场价高不少钱。

X：是按股返还和按量返还两部分。

M：至于农民种这个苹果啊，比如说，要求收这个品种，只能种这个品种，还是随便种什么品种？

Z：他可以按他种的品种，他们种植的品种不一样，按他种的这个……收，我们这里品种很多。

M：就是我们种植的品种不受我们合作社的限制。请问理事长，合作社每年都有成员大会吗？每一年都召开成员大会吗？

Z：有。

M：每年都有，那平均一年召开多少次。

Z：一般就是一到两次吧，就是在冬季闲着的时候，现在都忙，开的话也来不了。

M：对，一般你们召开成员大会，你比如说，像你这有 800 多户得召开成员代表大会，是不是？

Z：哦，全体大会基本上一年一次，代表开了三四次。

M：那向这个成员大会、成员代表大会一般讨论的议题是什么，中心的议题一般都是什么？

Z：销售问题，再一个就是种子化肥统一购买，统一施肥，统一打药等问题。

S：一年的计划，关于收购啥的。

M：还有一些技术上的……

S：对，技术上的、税什么的。

M：像这些……，就比如说，我们成立这个合作社，我看这里是哪一年成立的，是 2007 年成立的。当时成立的时候我们这些农户是主动找上门来的，还是我们去拉动的？

S：刚成立的时候是 208 户，陆续才发展到现在。

M：刚成立时 200 多户。

Z：208 户。

M：现在除了一个公司社员，剩下 805 户农户，再也没别的社会事业单位团体加入？

S：没有。

M：那我们这个苹果啊或者其他水果呀，主要是国内销售，还是出口销售？

Z：出口多。

M：主要是国外市场。

Z：对。

M：咱们这个 805 户社员，都是以农户的形式加入的？

S：对。

M：是一家一户，是以户主的形式（加入）。

S：对。

M：家里主要是男性户主。

S：对。

M：请问在合作社的发展中，我们得到了瓦房店财政支持，即每年有固定的财政支持吗？比如说，瓦房店财政局每年给我们支持多少？在金融信贷这一块儿给我们多少？

S：金融信贷暂时没有。

M：金融信贷没有？

S：对，那个暂时没有，瓦房店财政补贴了一些，省里上面都给了俺们一些补贴。

M：省里有过补贴么？

S：有，有。

Z：农业部给过补贴。

M：农业部给过多少补贴？

Z：农业部是 30 万。

M：那省里呢，省财政厅呢？

Z：省里 13 万。

M：省财政厅 13 万。那我们大连市……

Z：大连市 10 万，瓦房店 2 万。

M：瓦房店 2 万，那么，这种补贴就是一次性的？不再有跟踪补贴了？

Z：没有。

M：那像这样一种补贴肯定以项目形式支持的了，现在我看法律和政策大部分都是以项目为前提才给补贴，那我们这有什么项目么，就是合作社项目？

Z：他没有规定说必须有项目。

X：他得有个申报由头，就是说冷藏库面积的扩建啊，等等。

M：咱们就是以合作社名义申请的。

S：对。

M：那就像我们获得这些补贴，刚才说农业部30万，省财政厅13万，那么，获得补贴的同时有没有什么具体的要求，肯定也得有条件吧。

S：有条件，下来考察，看谁家做得好坏。

M：主要是说大的条件——硬件，比如说农业部要求你，我给你30万，你应该达到什么程度。

Z：农业技术培训，请专业人员来讲课……

X：就像刚才说的，以什么项目名义获得资金的支持。

S：啊对，一般都是这些。

M：一旦加入合作社，比如说这805户，他们有入社以后想退社的吗？

S：没有。

M：没有退社现象？

S：没有退社。

M：啊，没有退社现象。每个农户入社之后也得有一个合同吧！入社，起码得有一个入社的登记吧！

S：对，都得有个登记。

M：那么，我们在底单上有没有规定可以退社，一旦有一天想退社了。

S：可以退社。

M：退社自由呗。

M：下一步合作社的发展还是主要经营苹果吗?

S：主要是苹果的销售。

L：另外一个合作社，叫什么合作社。

K：万领合作社，“领导”的“领”。

M：万领果品合作社。

G：这都是我们镇重点的两个合作社。

M：也是属于万家岭的?您贵姓啊?

K：我姓赵，我是会计，咱们领导今天有事。

G：赵会计本身对这个合作社的情况也比较清楚。

M：那就请问，你们合作社有会员多少?

K：咱们现在是415户，其中有3户公司。

M：3户公司?

K：嗯。

M：剩下的412户都是以一家一户加入的?三户公司都是干什么的?

K：对，都是经营水果的。

M：都是销售水果，那我们这个万领专业合作社占地面积有多少?

K：嗯——10万平方米。

M：10万平方米，也是和我们这个富民合作社一样，也是储藏吗?

L：这储藏就是……到了春天价格翻一翻，我看这么大的苹果得5块钱。

S：得5块钱，你要跑俄罗斯卖得更贵。

K：你得看到哪个地儿了。

X；这个储藏的货有淡季有旺季，经营水果不是一家两家，都是经营水果的，有的是经营苹果的小贩，差一两毛钱拿到大连去卖了，他不敢搁，一搁苹果就烂了。咱这个经过保鲜储藏。

L：张理事长，咱这个水果是保鲜多长时间，在冷藏室？

Z：一般品种苹果是零下 2 度，富士是零下 3 度。

M：咱这个三户公司也都是销售苹果。

K：对。

M：那我们这个社员，你这个合作社是哪一年成立的？

K：我这个是 2007 年。

M：啊，也是 2007 年。

K：第一批，咱们这个都是第一批。

Z：国家下文件第一批。

M：2007 年，有（介绍）材料吗？

K：这个公司有，这儿现在没有。

M：那你这个刚入社的社员是自愿加入的，还是通过宣传加入的？

K：都是自愿。

M：那有没有要求退社的社员？

K：没有。

M：没有要求退社的，那社员入股的时候有没有条件？合作社的成员入股股金最低有限度么？

K：没有，就是股金这个东西你多入可以多点，少入可以少点，你可以享受分红，你也可以按照这个苹果的交易量。

L：咱们这个合作社有没有注册？

K：都注册了，咱们注册资金 138 万，他们那个多点。

S：俺们 380 万。

K：资金可以增加，营业执照上的这个资金可以变动。

M：那像你这个注册资金 138 万，这个 138 万中有 3 户公司社员他们占多少？

K：他们占了是……14 万 4（千元）。

M：14 万 4（千元）是属于 3 家公司合起来的。那剩下 120 来万都是农户。

K：对，都是农户，平均一户就是 3000 来块钱。

M：我问一下，就是这个万领合作社，在 2007 年成立的，您是做会计的，您肯定有一点印象，比如说 2007 年成立的，那 2007 年就不算了，那么 2008 年、2009 年、2010 年、2011 年连续 4 年的盈余是多少？

K：盈余平均在 200 万。

M：200 万元？

K：欸，200 万，盈余，这是净利润。

M：盈余是 200 万左右，交易额是多少？

K：交易额一般就在……我看一下这个交易额是在两千三四百万。

M：盈余……

K：他刚才说成立的时候是 208 户，我们这个成立的时候是 150 户。

M：开始是 150 户。

K：对，它是逐年增加的。

L：像它们这个发展的好处，就是市里包括省里面都有一定的扶持力度。

M：你这个，农业部给多少补贴啊？

K：这个……也是 30 万。

M：30 万呗，是不是，省财也是？

K：省财没有。

S：一般不超过 15 万。

M：瓦房店财政给了吗，这个万领合作社，瓦市给了吗？

K：也给的，比较少。

M：也是两万？

K：两万，一样。

Z：咱两家在大连市都属于优秀合作社。

M：典型，那这种典型，比如说，有关部门每年都搞一些什么样的宣传，就示范社的这个宣传。

Z：暂时这个没有，有下来看的，培训学习的。

G：有来参观学习的。

M：那比如说，举个例子吧，这两个合作社接受除了调研之外来参观学习的，每年有多少次？大概？

Z：一年，哪年都得有四五次。

M：那么，这个合作社的税收和企业的差别在哪儿？

S：它免税。

M：水果销售这一项是免税的。

S：对，是免税的。

Z：注册的时候要申请。

S：申请免税。

L：我们现在考虑一个问题，就是村里面……光所得税这一项就得不少钱。

S：对，不少钱。

M：请问张理事长，相信你还有一部分资产不在合作社吧？那以公司名义运作的。

Z：有。

M：就是在合作社之外的，那在这之外你还经营什么呢？

Z：就是水果。

S：主要就是公司。

Z：我 1983 年就成立公司。

M：1983 年的时候叫什么公司？

Z：那个时候叫“站前果品经销处”。

M：站前？

Z：在车站那儿，方便发货，后来叫瓦房店果品经贸公司。

M：哪一年改名的？大约时间。

S：后来在 1990、1991 年改为万家岭站前贸易有限公司。

Z：后来就是瓦房店果品经贸公司。

S：2004 年……

Z：跟着国家的政策，取得执照的要求。

M：当时这个合作社成立的时候是政府推动的，还是知道《合作社法》公布之后有政府财政支持和税收的优惠政策？

Z：是宣传。

M：政府宣传。

Z：政府宣传的，有这么多优惠政策。所以才开始成立。

M：对呀，是出于什么考虑才开始成立的。

Z：都是过去，基本上都知道我是收苹果的，他都了解我，他就奔你合作，肯定不待吃亏的，我说话也简单，就是这么个道理，过去都是给我收苹果的，他一看跟你合作，就有热情，已经成型了，就这么成的。

M：一说到这儿，还有一个问题，就是我们合作社内部还有一个管理问题呀，比如说，合作社里面有的成员不讲规矩，比如说，今年没讲规矩，明年怎么办，就开除么？

Z：对，就开除，这个苹果就是说，都是绿色食品，都是无公害食品，国家禁止打的农药，你非得打，我敢要。那样你还不开除干什么，所以说现在还没有开除的，为什么？因为他不敢不听你的。

S：社员都已经得着好处了。

Z：咱就说你过去那个时候打农药，就这个苹果，都打十来次，什么问题，你家是 13 号打药，他家 17 号打药，他又 20 号打药，那能行么？你那么一打药，咱就说那个蛾吧，你家打药，它就飞到那家果园里去了，我就是统一打药，一年三四次最多，我就是统一打药，就一个时间有一种疫情马上给他消灭，你过去他不集中啊，你这家不行，我跑那家去了。蛾那玩意儿它会飞。

M：那你这个果树统一打药，药的费用呢？农户的用药量……费用付给合作社？

S：咱统一指定到一个地方去购药，但是管理是分布管理。

M：咱这个药是统一一个地方去拿，统一一个价格。

S：对。

Z：现在这个药不是100%真的，有的销售店卖的是假药，你打上它不起作用，所以说咱就统一购进。

M：合作社下一步发展有一个怎么样的设想？基本上还是这样吧？

S：还得提高质量。

M：咱们有没有想和别的合作社联营啊？思路有吗？

Z：在咱们这个地区啊，还得更新品种呢。咱这个地方属于山区，你不能说一下子都把这苹果树全砍倒，像老弱病残那样的你得一点一点往下运。你要像其他地方，你要往西边去，人家土地多，你要说栽这一片吧，有荒山，你比如说这个品种好，栽一片行，咱这个不行，得一点一点发展。

L：这个梨叫什么品种？

Z：这是红酥梨。

X：咱这个农户的供应收购稳定吧？

S：不稳定。

X：这个稳定范围之内社员种植的亩数果树大约有多少，这个涉及到果园的面积啊，大约有多少？

L：就是有多少农户在你这个合作社范围之内的，就是加入你这个合作社的，有百分之多少？

Z：基本上都包括在内了，就是不加入我这个，也加入他那个。就像搞对象似的，我就看上他了，他就没看中我。

L：你们俩就有这个相互竞争、合作的关系。

K：这个牵制倒是不要紧，都是分户的，就是有的加入我的，有的加入他的，不牵制。

Z：这个管理模式都是按照《合作社法》。

X：一入社就稳定了。

M：万领合作社所在的你们那个村叫万领村吗？

K：也是万岭的，万家岭，万家岭镇万家岭村。

M：那你们都是在一个村里吗？

K：都在一个村。这个村是个大村，有5000多户。

M：那这个村一共有几个合作社？

G：镇里总共是52个。

M：一个镇就52个合作社？

X：有养山羊的，有养鸡的。

M：就是你这一个村也不只这2个，还有其他的？

G：可能还有畜牧方面的。

M：万家岭村就有20多个合作社？

G：嗯，……对。

M：那这个村有多少人？

L：5000多户也就是不到2万人，一万多一点。

M：5000多户，这个村有5000多户？那是个大村。

X：对，是个大村。

M：那问一问小高，小高镇长……

G：我不是镇长。

M：那我问你一下，就是咱们万家岭村5000多户，现在有没有农户不加入任何一个合作社的？

G：有，但是比较少。

M：那大约有多少人，百分之几不是加入这个社，就是加入那个社？

L：有没有入两个社的情况？

G：一般都是要么入这个，要么入那个，大部分都入了。

L：就这个果出口的话，手续麻烦么？

Z：不太麻烦。

G：没有听说入几个社的，基本上都入一个社。

M：基本都入一个社。那我问一下小高，咱们镇有52个社，大约都是在什么时间成了的？

G：2007年左右，最早就是2007年。

L：这个工商局注册的手续……

Z：看营业执照……

M：咱们这个合作社最早是2007年，那么2010、2011、2012年成立的多吗？

Z：哪年都有，主要是2007、2008年注册的特别多。

G：2009年就比较少了，2010年2011年一个左右。

M：2009年、2010年、2011年，一年也就一个。

L：市里现在是这么一个态度，就是大连市农委，就是说同一地区、同一个村、同一个类型的合作社将来就不重复建了。

G：就是已经饱和了，没有精力再经营第二个了。

M：那我问一下这个孙理事，咱们这个富民果品专业合作社就是现在有资产180万注册。

S：380万。

M：380万，啊，咱们是380万，注册380万，那我们每年盈余有多少？

S：盈余四百多万，四百二三十万。

M：盈余有420万到430万……那每年的交易额呢，大约就是？

S：交易额在5000万。

M：那相对于万领还要多一些。

K：他有800多户，肯定是要多一些的。

M：啊，这个差挺多呢，是不是。那万领的前身呢，是什么？比如说，我们说富民果品在1983年的时候，它就是一个水果经销站，那你这个万领的前身是什么？

Z：鑫隆果品。

S：是收果，他也没有说公司。

K：那个我不太清楚。个体销售吧。

S：哎，个体。

K：他成立这个公司在2002年吧。

Z：鑫隆公司是2003年成立的。

K：2003年。以前叫什么公司？

X：你这个公司也有果树吧？

K：公司没有。

X：一点没有？

K：嗯，纯粹是收。

X：收购，一点一点发展起来的。

S：对，全是收购。

M：那是以公司的名义经营水果，也是收购以后出去经营，是这么个意思。

S：嗯，对。

M：那万领呢，也是这种模式——合作社。

K：嗯。一般咱经营水果的都一样。

M：你这都是最早的果品经销的，那么我们聘用或没聘用一些专业的合作社管理和经营人员。

K：在水果经营方面比较那什么的，聘用来。

M：比如说，我们看“富民”设这么些部门，加工、生产这些部门人员我们都是聘用的么？

S：都是聘用的。

M：啊——都是聘用的，那么和他们有没有签订劳动合同？

S：暂时咱们这个没有签。

K：他苹果经营有个淡季有个旺季，季节性工人比较多。

M：工资什么的呢？

S：工资有。

M：他们是不是成员呢？

S：是，有，有。

M：比如说这个刘某，张某啊。

Z：刘某是，有的是，有的不是。

S：有的是额外聘用的。

M：有的是额外聘用的，有的是兼职社员。我们除了理事会下设这些部门，我们下设有没有监事会呢？

S：有。

M：那监事会的执行者一般是副理事长。

S：副理事长，对。

M：合作社章程？

S：在上面。

M：我们想看一下，合作社章程是经由社员大会通过的么？还是我们几个人拟议的。

S：国家的这个章程，基本上就是国家这个章程。

M：没有我们具体的……

S：一般没有。

M：就是国家的那个？

Z：那个我们看都挺好。

M：像我们社员，有需要才来社部吗？

Z：有的，开会、培训、领钱。上去看看，咱开会的一个大厅，算是礼堂吧。

M：谢谢。

L：都是实实在在的东西。我们来得也比较晚，……谢谢。

参考文献

1.《马克思恩格斯选集》(1—4卷)，人民出版社1995年版。

2.《列宁选集》(1—4卷)，人民出版社1995年版。

3.《毛泽东文集》(6—8卷)，人民出版社1999年版。

4.《刘少奇选集》(下卷)，人民出版社1985年版。

5.《周恩来选集》(下卷)，人民出版社1984年版。

6.《邓子恢文集》，人民出版社1996年版。

7.《邓子恢自述》，人民出版社2007年版。

8.《邓小平文选》(第三卷)，人民出版社1993年版。

9.《江泽民文选》(第二至三卷)，人民出版社2006年版。

10.《中华人民共和国农民专业合作社法》，中国法制出版社2006年版。

11.《十七大以来重要文献选编》(上)，中央文献出版社2009年版。

12.《十七大以来重要文献选编》(中)，中央文献出版社2011年版。

13. 中共中央党史研究室、中共中央政策研究室、中华人民共和国农业部：《中国新时期农村的变革》(中央卷上、中、下)，中共党史出版社1998年版。

14. 中华人民共和国国家农业委员会办公厅：《农业集体化重要文件汇编》(上、下)，中共中央党校出版社1981年版。

15. 农业部课题组：《农业农村经济重大问题研究2010》，中国财政经济出版社2011年版。

16. 中共中央文献研究室：《十八大以来重要文献选编》(上)，中央文献出版社

2014 年版。

17. 中共中央文献研究室：《十六大以来重要文献选编》（上），中央文献出版社 2005 年版。

18. 中共中央文献研究室：《十六大以来重要文献选编》（中），中央文献出版社 2006 年版。

19. 中共中央文献研究室：《十六大以来重要文献选编》（下），中央文献出版社 2008 年版。

20. 本书编写组：《推进农村改革发展若干重大问题学习问答》，新华出版社 2008 年版。

21. 中华全国供销合作总社国际合作部：《国际合作社联盟》，中国社会出版社 2009 年版。

22. 本书编写组：《习近平谈治国理政》，外文出版社 2014 年版。

23.《中共中央国务院关于"三农"工作的一号文件汇编》（1982—2014），人民出版社 2014 年版。

24.《当代中国的农业合作制》编辑室：《当代中国典型农业合作社史选编》（上册、下册），中国农业出版社 2002 年版。

25. 中共中央文献研究室：《中共十三届四中全会以来历次全国代表大会中央全会重要文献选编》，中央文献出版社 2002 年版。

26. 王瑞璞：《认真学习党的十五届三中全会文件：关于农业和农村工作若干重大问题》，中共中央党校出版社 1998 年版。

27. 陆文强、李建军：《农村合作制的演变》，农村读物出版社 1988 年版。

28. 王伟光：《建设社会主义新农村的理论与实践》，中共中央党校出版社 2006 年版。

29. 王颖：《新集体主义：乡村社会的再组织》，经济管理出版社 1996 年版。

30. 王景垣：《中国农村合作经济几个问题》，农业出版社 1986 年版。

31. 管爱国、符纯华：《现代世界合作社经济》，中国农业出版社 2000 年版。

32.［美］弗里曼、毕克伟、塞尔登：《中国乡村，社会主义国家》，陶鹤山译，社会科学文献出版社 2002 年版。

33. 武力、郑有贵:《解决“三农”问题之路:中国共产党“三农”思想政策史》,中国经济出版社 2004 年版。

34. 申龙均、李中华:《农民合作社论》,社会科学文献出版社 2009 年版。

35. 周晓东:《农村集体经济组织形式研究》,知识产权出版社 2011 年版。

36. 罗平汉:《农业合作化运动史》,福建人民出版社 2004 年版。

37. 徐旭初:《中国农民专业合作经济组织的制度分析》,经济科学出版社 2005 年版。

38. 黄祖辉、赵兴泉、赵铁桥:《中国农民合作经济组织发展:理论、实践与政策》,浙江大学出版社 2009 年版。

39. [俄] 马·科瓦列夫斯基:《公社土地占有制,其解体的原因、进程和结果》,李毅夫、金地译,中国社会科学出版社 1993 年版。

40. 杨承训:《社会主义商品经济下的合作制与家庭经济》,中国社会科学出版社 1988 年版。

41. 李瑞芬:《中国农民专业合作经济组织的实践与发展》,中国农业出版社 2004 年版。

42. 徐更生、刘开铭:《国外农村合作经济》,经济科学出版社 1986 年版。

43. 刘继芬:《农村发展与合作经济:中外农业合作经济的比较研究》,中国科学技术出版社 1993 年版。

44. 韩俊:《中国农民专业合作社调查》,上海远东出版社 2007 年版。

45. 杜虹:《20 世纪中国农民问题》,中国社会出版社 1998 年版。

46. 胡卓红:《农民专业合作社发展实证研究》,浙江大学出版社 2009 年版。

47. 仝志辉:《农村民间组织与中国农村发展:来自个案的经验》,社会科学文献出版社 2005 年版。

48. 王贵宸:《中国农村合作经济史》,山西经济出版社 2006 年版。

49. 孟令伟:《中国农民宣言:世界上最大最古老的农民群体跨进新世纪的宣言》,海南出版社 2000 年版。

50. 焦守田：《培养现代农民》，中国农业出版社 2004 年版。

51.［法］H. 孟德拉斯：《农民的终结》，李培林译，中国社会科学出版社 1991 年版。

52. 张建东、陆江兵：《公共组织学》，高等教育出版社 2003 年版。

53. 陈吉元、陈家骥、杨勋：《中国农村社会经济变迁》（1949—1989），山西经济出版社 1993 年版。

54.《当代中国农业合作化》编辑室：《建国以来农业合作化史料汇编》，中共党史出版社 1992 年版。

55. 任梅：《中国农民专业合作社的政府规制研究》，中国经济出版社 2012 年版。

56.［美］西奥多 · W. 舒尔茨：《改造传统农业》，梁小民译，商务印书馆 2006 年版。

57. 孔祥智、史冰清、钟真：《中国农民专业合作社运行机制与社会效应研究：百社千户调查》，中国农业出版社 2012 年版。

58.［美］彭尼 · 凯恩：《中国的大饥荒（1959—1961）：对人口和社会的影响》，郑文鑫、毕健康、戴龙基等译，中国社会科学出版社 1993 年版。

59. 张学鹏、卢平：《中国农业产业化组织模式研究》，中国社会科学出版社 2011 年版。

60. 马桂萍：《中国农民工市民化制度研究》，辽宁师范大学出版社 2010 年版。

61. 贺雪峰：《什么农村，什么问题》，法律出版社 2008 年版。

62.［美］史蒂文 · C. 布拉萨、康宇雄：《公有土地租赁制度：国际经验》，商务印书馆 2007 年版。

63. 李姿姿：《中国农民专业合作组织研究：基于国家与社会关系的视角》，中央编译出版社 2011 年版。

64. 许欣欣：《中国农民组织化与韩国经验》，中国社会科学出版社 2010 年版。

65.［美］W. 理查德 · 斯格特：《组织理论：理性、自然和开放系统》，黄洋、李霞、申薇、席侃译，华夏出版社 2002 年版。

66. 李昌平：《我向总理说实话》，光明日报出版社 2002 年版。

67. 孙亚范：《新型农民专业合作经济组织发展研究》，中国社会科学出版社 2006 年版。

68. 曹阳：《当代中国农村微观经济组织形式研究》，中国社会科学出版社 2007 年版。

69. 郭红东、张若健：《中国农民专业合作社调查》，浙江大学出版社 2010 年版。

70. 张红宇、赵长保：《中国农业政策的基本框架》，中国财政经济出版社 2009 年版。

71. 朱新山：《乡村社会结构变动与组织重构》，上海大学出版社 2004 年版。

72. 于建嵘、翁鸣、陆雷：《农民组织与新农村建设：理论与实践》，中国农业出版社 2007 年版。

73. 史啸虎：《农村改革的反思》，中央编译出版社 2008 年版。

74. 农业部软科学委员会办公室：《农村基本经营制度与农业法制建设》，中国财政经济出版社 2010 年版。

75. 朱晓娟：《论合作社的法律主体性》，中国民主法制出版社 2009 年版。

76. 农业部农村经济体制与经营管理司、农业部农村合作经济经营管理总站、农业部管理干部学院：《中国农民专业合作社发展报告》（2006—2010），中国农业出版社 2011 年版。

77. 叶祥松：《新型农村经济组织：农联模式》，上海三联书店 2010 年版。

78. 林岗、张宇：《马克思主义与制度分析》，经济科学出版社 2001 年版。

79. 张旭昆：《制度演化分析导论》，浙江大学出版社 2007 年版。

80. 辛鸣：《制度论》，人民出版社 2005 年版。

81. 张晓山、苑鹏：《合作经济理论与中国农民合作社的实践》，首都经济贸易大学出版社 2010 年版。

82. 温铁军：《社会主义新农村建设的两个重要意义》，《今日中国论坛》2006 年第 4 期。

83. 温家宝：《不失时机推进农村综合改革　为社会主义新农村建设提供体制保障》，《求是》2006 年第 18 期。

84. 纪能文、张步先：《从合作化到集体化：关于农业合作理论的演进及其现实考察》，《山东社会科学》2008 年第 10 期。

85. 樊欣：《社会主义新农村的理论渊源：马克思恩格斯农业思想解析》，《学术交流》2007 年第 5 期。

86. 罗骏：《马克思恩格斯列宁合作经济思想探究》，《四川大学学报》2005 年第 6 期。

87. 何增科：《马克思、恩格斯关于农业和农民问题的基本观点述要》，《马克思主义与现实》2005 年第 5 期。

88. 张章：《农民合作社：推动农村社会和谐发展的有效载体》，《经济师》2007 年第 7 期。

89. 孔祥智、史冰清：《当前农民专业合作组织的运行机制、基本作用及影响因素分析》，《农村经济》2009 年第 1 期。

90. 张红云：《专业合作社培训新型农民的优势及其路径拓展》，《农业现代化研究》2009 年第 3 期。

91. 曾长秋、马赛：《列宁合作制思想与中国农业的"两个飞跃"》，《湖南文理学院学报》2006 年第 5 期。

92. 苑鹏：《中国农村市场化进程中的农民合作组织研究》，《中国社会科学》2000 年第 6 期。

93. 黄祖辉、邵科：《合作社的本质规定性及其漂移》，《浙江大学学报》2009 年第 4 期。

94. 郭翔宇：《论合作社的定义、价值与原则》，《东北农业大学学报》2003 年第 1 期。

95. 刘源泉：《大力发展农业合作社　创新农村经营机制》，《宏观经济管理》2003 年第 9 期。

96. 杨红炳：《发展现代农业重在农业组织制度创新》，《经济问题》2011 年第 3 期。

97. 阮正福：《家庭小规模经营的局限性与农业组织形式再创新》，《江西社会科学》2003 年第 1 期。

98. 邹积慧：《农业组织结构创新研究》，《理论探讨》2007 年第 5 期。

99. 成新华：《我国农业组织的创立、成长与发展：基于 280 个农业组织的调查分析》，《科学 · 经济 · 社会》2008 年第 1 期。

100. 关付新：《现代农业组织创新的制度含义与组织形式》，《山西财经大学学报》2005 年第 3 期。

101. 刘宝龙、王政宇：《论我国农村组织形态创新》，《农业经济》2000 年第 2 期。

102 刘金海：《从农村合作化运动看国家构造中的集体及集体产权》，《当代中国史研究》2003 年第 6 期。

103 汤尚颖、朱雅丽：《中国农业组织形式创新研究》，《理论月刊》2003 年第 10 期。

104. 关付新：《我国现代农业组织形式创新的政策措施》，《经济经纬》2005 年第 2 期。

105. 梅德平：《60 年代调整后农村人民公社个人收入分配制度》，《西南师范大学学报》2005 年第 1 期。

106. 喻建中：《现代农业建设与农业组织体系创新》，《农业现代化研究》2008 年第 4 期。

107. 张晓宁、惠宁：《新中国 60 年农业组织形式变迁研究》，《经济纵横》2010 年第 3 期。

108. 郑文凯：《以十七大精神为指导积极探索中国特色农业组织化新途径》，《农村经济管理》2008 年第 6 期。

109. 陈建伟、孙世芳：《产权合作：我国农业组织化主体模式》，《河北学刊》2003 年第 6 期。

110. 郑有贵：《建设社会主义新农村的目标与政策突破》，《教学与研究》2006 年第 1 期。

111. 王小雨：《建设社会主义新农村应大力发展合作社》，《武汉理工大学学报》2006 年第 3 期。

112. 韩长斌：《关于社会主义新农村建设的几点建议》，《农业经济问题》2006 年第 10 期。

113. 李小丽：《农村专业合作经济组织功能转化分析》，《学习与探索》2010 年第 5 期。

114. 苑鹏：《改革以来农村合作经济组织的发展》，《经济研究参考》2008 年第 31 期。

115. 曾业松：《社会主义新农村建设的几个理论问题》，《中国特色社会主义研究》2006 年第 2 期。

116. 简新华、曾一昕：《社会主义新农村的内涵和建设途径》，《福建论坛》2006 年第 11 期。

117. 高伟：《论社会主义新农村建设的长期性》，《经济论坛》2009 年第 6 期。

118. 马晓河：《建设社会主义新农村需要把握的几个重大问题》，《经济纵横》2007 年第 1 期。

119. 张晓山：《建设社会主义新农村是历史发展的必然要求》，《中国社会科学院院报》2006 年 2 月 23 日。

120. 党国英：《建设社会主义新农村任重道远》，《南方周末》1996 年 3 月 2 日。

121. 金丽馥：《社会主义新农村建设之“新”思考》，《江苏大学学报》2006 年第 5 期。

122. 徐平：《社会主义新农村的文化建设》，《科学社会主义》2006 年第 1 期。

123. 纪能文、张步先：《新中国农业合作化进程中的分配制度变迁及其政治含义》，《哈尔滨工业大学学报》(社会科学版) 2008 年第 6 期。

124. 徐勇：《国家整合与社会主义新农村建设》，《社会主义研究》2006 年第 1 期。

125. 陆学艺：《关于社会主义新农村建设的几个问题》，《宏观经济研究》2006 年第 6 期。

126. 温铁军：《怎样建设社会主义新农村》，《经济日报》2006 年 1 月 19 日。

127. 李昌平：《慎言农村土地私有化》，《读书》2003 年第 6 期。

128. 李昌平：《新农村建设中的路径突破和制度创新分析》，《东南学术》2007 年第 5 期。

129. 王思斌：《略论新农村建设的实施结构》，《北京大学学报》2007 年第 6 期。

130. 贺雪峰：《村社本位、积极分子：建设社会主义新农村视角研究二题》，《河南社会科学》2006 年第 3 期。

131. 韩俊、秦中春、张云华、罗丹：《促进中国农民合作经济组织发展的政策框架》，《红旗文稿》2007 年第 4 期。

132. 时红秀、张青：《昆山的三种农民合作社：新农村建设的一个案例研究》，《国家行政学院学报》2007 年第 1 期。

133. 李丹凤：《西方合作社比较分析及其对我国农村合作社发展的启示》，《法制与社会》2008 年第 11 期。

134. 陈锡文：《努力建设社会主义新农村》，《求是》2001 年第 7 期。

135. 韩俊：《我国现代化进程中的重大历史任务：论扎实推进社会主义新农村建设》，《人民日报》2006 年 2 月 13 日。

136. 黄胜忠：《农民专业合作社的运行机制分析》，《商业研究》2009 年第 10 期。

137. 牛先锋：《我国新农村建设的基本力量》，《科学社会主义》2006 年第 1 期。

138. 刘勇：《西方农业合作社理论文献综述》，《华南农业大学学报》2009 年第 4 期。

139. 王征兵、陈冲、孙浩杰：《国内外农村合作经济组织的特征与经验》，《新疆农垦经济》2006 年第 10 期。

140. 刘德道：《列宁的合作制思想及其对我国社会主义新农村建设的启示》，《东岳论坛》2009 年第 10 期。

141. 赵鲲、门炜：《关于合作社基本特征的分析和思考：从合作社与有限责任公司对比的角度》，《中国农村观察》2006 年第 3 期。

142. 贾大猛、张正河：《合作社影响下的村庄治理》，《公共管理学报》2006 年第 3 期。

143. 途文涛：《人民公社化的理论与实践的反思》，《毛泽东思想研究》2001 年第 3 期。

144. 贾少红：《我党对工业化与农业合作化关系的认识》，《理论探索》2004 年第 2 期。

145. 蒋泽润：《对中国集体经济的再认识》，《中国集体经济》2009 年第 25 期。

146. 李建忠：《是主观选择还是历史必然：20 世纪 50 年代农业合作化动因的再认

识》,《广西社会科学》2008 年第 7 期。

147. 董正华:《关于现代农业发展的两个理论问题》,《马克思主义与现实》2006 年第 1 期。

148. 黄宗智、彭玉生:《三大历史性变迁的交汇与中国小规模农业的前景》,《中国社会科学》2007 年第 4 期。

149. 滕方伟、龚浩亮:《浅析建国初期的农业合作化运动的原因及启示》,《党史博采》2009 年第 6 期。

150. 黄陵东:《新农村建设内外部资源整合与创新研究》,《科学社会主义》2006 年第 5 期。

151. 徐俊忠、苏晓云:《"去工业化"与人民公社的困境》,《现代哲学》2009 年第 5 期。

152. 闫文才:《浅论集体经济的改革与发展》,《理论探索》2006 年第 4 期。

153. 程恩富、陆夏、徐慧平:《建设社会主义新农村要倡导集体经济和合作经济模式多样化》,《经济纵横》2006 年第 11 期。

154. 李世荣:《把合作经济作为集体经济的重要实现形式》,《中国集体经济》2004 年第 8 期。

155. 苏晓云:《农村人民公社消解的再思考》,《广西师范大学学报》2011 年第 2 期。

156. 唐仁军:《组建合作社、农联会　提高农业组织化水平》,《上海农村经济》2007 年第 5 期。

157. 国鲁来:《合作社的产生及马克思恩格斯的合作社思想》,《马克思主义研究》2008 年第 3 期。

158. 陈锡文:《努力建设社会主义新农村:访中央财经领导小组办公室主任、中央农村工作领导小组办公室主任陈锡文》,《求是》2006 年第 7 期。

159. 赵大朋:《对布哈林农民合作化思想的研究》,《山东省农业管理干部学院学报》2007 年第 6 期。

160. 孙功:《1990 年代以来农业合作化运动研究若干问题综述》,《兰州学刊》2006 年第 11 期。

161. 郭杰忠、黎康：《关于社会主义新农村建设的理论研究综述》，《江西社会科学》2006 年第 6 期。

162. 罗文东：《关于正确认识处理社会主义社会基本矛盾的问题》，《当代世界与社会主义》2010 年第 4 期。

163. 张绍俊：《读懂列宁的〈论合作社〉：纪念列宁逝世八十周年》，《中国农业大学学报》2004 年第 1 期。

164. 陈定洋：《农业合作化运动中农民的行动逻辑——从中国传统文化的角度认识》，《农业考古》2007 年第 3 期。

165. 张沛：《马克思恩格斯关于农业发展模式的探索》，《河北农业大学学报》2008 年第 4 期。

166. 程建平：《新农村建设的误区分析》，《马克思主义与现实》2006 年第 5 期。

167. 高继文：《论列宁的农业合作制理论》，《山东师范大学学报》（人文社会科学版）2000 年第 1 期。

168. 谢双明：《马克思恩格斯视野中的东方农民问题》，《当代世界与社会主义》2006 年第 1 期。

169. 杨平、王俊拴：《马克思主义农民理论的中国化》，《甘肃社会科学》2008 年第 1 期。

170. 施敏峰、蒋乐琪：《马克思主义经典作家农业合作社思想探要》，《长江大学学报》2009 年第 1 期。

171. 时群：《论列宁的农业合作社思想对我国“三农”问题的启示》，《聊城大学学报》2007 年第 2 期。

172. 程敬华：《俄国农村公社的经验与启示》，《世界农业》2012 年第 3 期。

173. 马桂萍、马乙玉：《坚持农地集体所有制是我国建设社会主义新农村的根本制度保障》，《马克思主义研究》2013 年第 8 期。

174. 周艳希：《湘潭县农民专业合作社发展调查与思考》，《中国乡村发现》2014 年第 1 期。

175. 王卫星：《美丽乡村建设：现状与对策》，《华中师范大学学报》2014 年第 1 期。

176. 李宽、戴纯青、杨君：《合作社中的复合型差序格局》，《中国研究》2014 年第 1 期。

177. 卞国清、张士杰：《农民专业合作社发展的可持续性分析》，《中国集体经济》2016 年第 3 期。

178. 马桂萍：《农民专业合作社方向论析》，《科学社会主义》2016 年第 1 期。

179. 李继刚：《我国农民专业合作社演进趋势：发展抑或停滞》，《当代经济管理》2016 年第 10 期。

后　记

几年来，持续关注和思考新时期我国农业合作化的组织载体之一——农民专业合作社的相关问题，对其所闻、所见及所思种种，千言万语依然不足以论清农民专业合作社的当下和未来，以及它对未来中国农业农村发展及农业合作化影响。在本书即将落笔之际，本人深深感知：在中国未来几年内全面建成小康社会，建设社会主义新农村，推进农业现代化，发展中国特色社会主义，农村是关键，农业是基础。中国“三农”如何，关乎着未来中国如何。同时，农业农村农民问题较为复杂，又较为零碎，涉及农业农村农民的每一个问题都不能忽略。有鉴于此，不能简单地将农民专业合作社的发展看作农业组织的发展创新问题。农民专业合作社是中国社会主义农业农村发展中的合作经济组织，它的发展体现着新时期农业合作化的现状及方向，关乎未来中国农业农村的走向，与农业发展、农民增收、农村民主政治建设、农村文化建设密切相关。发展中国特色社会主义，实现中国特色社会主义农业现代化，建设社会主义新农村，与新时期农业合作化相联结。对新时期农业合作化，应有一个完整的规划及原则上的把握。

本书深入论述了农民专业合作社的产生、属性特征问题，多维度地诠释了社会主义新农村建设，对社会主义新农村建设中农民专业合作社的应然功能进行了深度的理论分析，对农民专业合作社推进社会主义新农村的方式和机制做了创新性探索，并基于社会主义新农村建设中农民专业合作社实然现状阐释了农民专业合作社发展的几个关键问题。如果本研究成果能够为农民专业合作社的科学发展，有点滴的启示；如果本书能够为有效发挥农民专业合作社在社会主义新农村建设中的作用，使之成为社会主义新农村建设的重要载体，有点滴的启示；如果本书能够为从科学社会主义的视角研究农民专业合作社问题增添片瓦半砖，那么作者也就心宁自怡了。

今天，本书得以正式出版，是作者长期关注中国农业农村农民问题，尤其是在作者完成所主持的 2011 年国家社科基金项目“农民专业合作社的科学发展与社会主义新农村建设载体研究（项目批准号为 11BKS049)”、“2013 年辽宁省高等学校优秀人才支撑计划项目（项目批准号为 WR2013005)”的基础上完成的。

苏州大学党校马乙玉副研究员参与了国家社科基金项目“农民专业合作社的科学发展与社会主义新农村建设载体研究”的阶段性成果工作，散见在本书的个别论述中。

在完成本书过程中，作者曾向恩师李崇富先生请教和咨询，感恩之情化作科学研究的动力。同时，在完成本书过程中，参阅了研究者的相关成果，所受启发之大难以言表，在借鉴和吸收相关研究成果时，作者尽可能地以注释和参考文献的形式加以注明，在此，我谨向有关专家、学者表示真诚的感谢和敬意！这里还有特别提到的是：人民出版社的出版策划者孔欢等老师的关爱、帮助以及辛勤劳动使得本书尽快与读者见面，在此深表谢意！

本书如有谬误之处，敬请专家、读者予以批评指正！

责任编辑:孔　欢
装帧设计:董晋伟
责任校对:张冉薇

图书在版编目(CIP)数据

农民专业合作社与社会主义新农村建设载体研究/马桂萍 著. —北京:
人民出版社,2016.11
ISBN 978-7-01-017069-5

Ⅰ.①农…　Ⅱ.①马…　Ⅲ.①农民-专业-研究-中国　Ⅳ.①D669.2

中国版本图书馆 CIP 数据核字(2016)第 250729 号

农民专业合作社与社会主义新农村建设载体研究
NONGMIN ZHUANYE HEZUOSHE YU SHEHUIZHUYI XINNONGCUN JIANSHE ZAITI YANJIU

马桂萍　著

人民出版社 出版发行
(100706　北京市东城区隆福寺街 99 号)

环球东方(北京)印务有限公司印刷　新华书店经销

2016 年 11 月第 1 版　2016 年 11 月北京第 1 次印刷
开本:710 毫米×1000 毫米 1/16　印张:15.5
字数:208 千字

ISBN 978-7-01-017069-5　定价:38.00 元

邮购地址 100706　北京市东城区隆福寺街 99 号
人民东方图书销售中心　电话 (010)65250042　65289539